# CAP agricole
## Services aux personnes
## Module MP3

# TECHNIQUES DES SERVICES À LA PERSONNE

Virginie Best

Région Occitanie
Pyrenées - Méditerranée

docéo
éditions

# Le mot de l'auteur

Suite à la réforme, le CAPA Services en milieu rural a changé de nom pour s'appeler dorénavant **CAP agricole Services aux personnes et vente en espace rural**. La volonté de cette réforme est de favoriser l'insertion sociale et professionnelle des futurs diplômés.

La poursuite d'études est aussi envisageable et cette formation est une entrée en matière notamment pour ceux qui souhaitent s'orienter vers un BAC professionnel Services aux personnes et aux territoires.

Fidèle au nouveau référentiel, ce manuel porte sur le module MP3 Techniques des services à la personne qui vise l'acquisition des gestes professionnels afin de répondre aux besoins du public aidé.

Aménagé en trois thèmes (la restauration, l'entretien du cadre de vie, le confort et l'hygiène de la personne aidée), ce fascicule comprend des fiches contextes, des fiches pédagogiques, des fiches applications, des fiches récapitulatives, des bilans de compétences et des fiches travaux pratiques qui serviront de base aux enseignants lors de leurs séances pédagogiques.

Les fiches contextes, pédagogiques et récapitulatives traduisent la volonté de simplifier le contenu théorique afin de le rendre davantage accessible.

L'approche scientifique permet de faire le lien avec les pratiques professionnelles des apprenants.

Les fiches applications et travaux pratiques répondent aux attentes du public CAPa, à la recherche de sens et de concret.

Pour terminer, les bilans de connaissances permettront à l'apprenant de se situer dans ses savoirs afin de l'aider à progresser.

Virginie BEST

Infographies : Laurent Le Pontois / Michaël Sanchez
Couverture : Michaël SANCHEZ

ISBN : 978-2-35497-149-6
Réimpression 2018

DOCÉO Éditions

www.doceo.fr

# SOMMAIRE

## Thème 1 - La restauration : page 4



## Thème 2 - L'entretien du cadre de vie : page 42



## Thème 3 - Le confort et l'hygiène de la personne aidée : page 80

# THÈME 1
# La restauration

## 1 Les caractéristiques des lieux de restauration

### Différents types de restauration

Au sein des **structures collectives**, il peut s'agir :

**• Soit d'une restauration directe**

Consommation des plats sans délai, à proximité immédiate de l'endroit où ils sont cuisinés. Le lieu de production des préparations culinaires (cuisine) et les lieux de consommation se situent dans les mêmes locaux.

**• Soit d'une restauration différée**

La préparation des plats et leur consommation ne se font pas dans le même espace et/ou dans un délai quasi immédiat. Le matériel de transport doit être spécifique avec des containers isothermes, chauffants et réfrigérants. Il s'agit donc d'une cuisine centrale (lieu de fabrication des repas) qui peut alimenter une, voire plusieurs cuisine(s) satellite(s) ou cuisine(s) relais (lieu de consommation des repas).

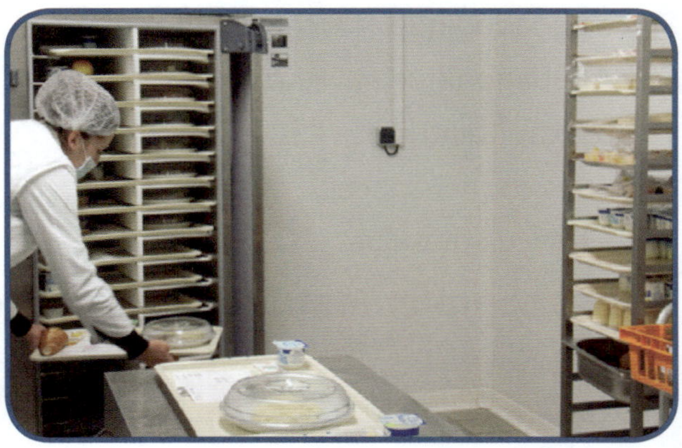

Au sein du **domicile**, la personne peut :

**• Soit faire appel au portage de repas**

La restauration sera donc différée et les repas seront acheminés jusqu'au lieu de résidence de la personne qui devra les réchauffer elle-même (liaison froide). Les repas sont conditionnés en barquettes individuelles adaptées au réchauffage en four à micro-ondes. Le bénéficiaire doit, à la réception des denrées, les entreposer dans un réfrigérateur. Les barquettes livrées comportent une indication précisant le jour de consommation à respecter impérativement.

**• Soit faire appel aux services d'aide à domicile**

L'employé(e) devra donc préparer les repas sur place et ils devront être consommés sans délai. Les produits et le matériel utilisés sont ceux que possède la personne aidée. L'aide à domicile doit faire preuve d'une grande adaptabilité et peut être amenée à faire les courses.

## Différentes techniques de production en restauration différée

Les repas confectionnés par la cuisine centrale seront acheminés soit en liaison froide soit en liaison chaude.

**• Liaison chaude**

Les aliments sont conditionnés dès la fin de la cuisson et conservés à une température à cœur supérieure à + 63 °C dans des containers isothermes jusqu'au moment de leur consommation, qui doit intervenir le jour même de la cuisson. Les plats froids (hors-d'œuvres, fromages, desserts) doivent être transportés à une température maximale de + 3 °C.

**• Liaison froide**

La production est organisée par la cuisine centrale, en général sur trois jours. Les plats sont livrés froids pour être réchauffés dans une cuisine relais. La liaison froide est une méthode de conservation d'un produit entre sa fabrication et sa consommation consistant à abaisser rapidement la température immédiatement après sa fabrication (jusqu'à plus de 10 degrés en moins de 2 heures). Le produit est ensuite conservé à + 3 °C en chambre froide, transporté par un véhicule isotherme à 3 °C puis remis en température chaude à 63 °C juste avant sa consommation (moins de 1 heure).

# Différentes techniques de distribution

| Type de service | Avantages | Inconvénients |
|---|---|---|
| **Self-service**  | • Choix rapide (gain de temps)<br>• Autonomie<br>• Menu pouvant être aménagé pour les personnes qui ont un régime spécifique<br>• Limite le gaspillage | • Choix orientés vers des menus non équilibrés<br>• Plateau lourd à porter et encombrant |
| **Service à l'anglaise**  | • Les proportions sont respectées<br>• L'employé incite les personnes à goûter de tout<br>• Le service est très convivial | • Le personnel doit gérer le service, parfois lourd car trop de personnes à sa charge<br>• Présence de « temps morts » |
| **Service à l'assiette**  | • Les personnes se font servir leurs plats les uns après les autres<br>• Présentation travaillée qui donne envie de manger | • Présence de « temps morts » entre les plats |
| **Plateau repas**  | • Quantités respectées<br>• Règles d'hygiène strictes | • Menus déterminés, pas de choix possibles, gaspillage |
| **Portage de repas**  | • Portage des repas au domicile de la personne âgée ou en situation de handicap.<br>• La personne peut continuer à se nourrir de façon équilibrée tout en conservant une certaine autonomie.<br>• La personne choisit ses menus de la semaine par avance et sur commande.<br>• Prise en compte des régimes alimentaires. | • Il n'y a pas de livraison le dimanche, ni les jours fériés.<br>• Le bénéficiaire s'engage à être disponible pour recevoir les repas aux heures fixées par le livreur et à respecter les consignes de conservation (dates, maintien au frais). |

# Règles d'hygiène

## • Du personnel de cuisine

– Vêtements propres chaque jour, chaussures réservées au travail, coiffe sur chevelure, masque bucco-nasal et gants à usage unique pour certains postes (conditionnement et tranchage)

– Lavage des mains régulier pour éviter la propagation de micro-organismes par l'être humain.

## • Des locaux et du matériel

La disposition du matériel doit être réalisée en fonction d'une progression logique et rationnelle du travail depuis la livraison des marchandises jusqu'à leur consommation, ce qui est appelé « **marche en avant** ». Cette progression doit être conçue de telle sorte qu'il ne puisse y avoir aucune possibilité de retour ni de croisement entre le secteur des produits propres et le secteur des produits souillés. L'installation doit être conçue afin d'éviter toutes formes de pollution. L'aération et la ventilation doivent être satisfaisantes. Cela permet d'éviter la contamination bactérienne provenant d'éléments extérieurs à l'être humain.

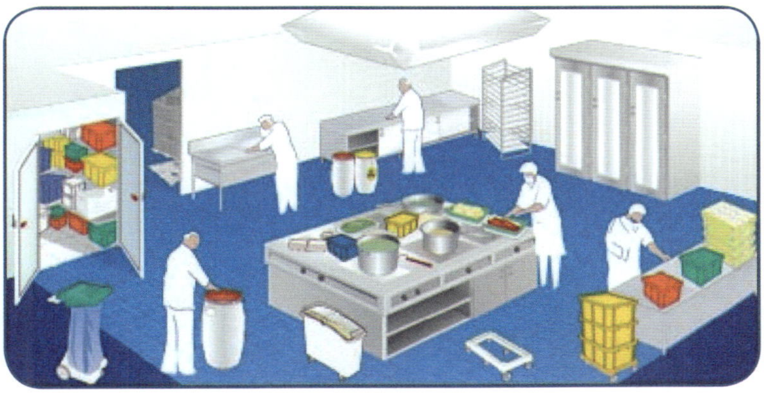

## • Des aliments

Ne pas mélanger le propre (exemple pomme de terre épluchée et lavée) et le sale (épluchures de pommes de terre et pommes de terre non épluchées). Laver certains produits comme les fruits et les légumes et respecter les températures des ingrédients, les conditions de conservation et de stockage. Le non-respect des températures a pour conséquence le risque de développement des microbes pathogènes et donc d'intoxications alimentaires pour les usagers telles que la salmonellose (qui provient de la salmonelle) et la listériose (qui provient de la listéria).

# La restauration

<u>À remplir en lien avec le lieu de restauration de votre lieu de stage ou enquête d'un lieu de restauration de votre choix</u>.

Fiche à mettre en commun avec vos camarades afin de pouvoir constituer un recueil de fiches restauration.



➠ Nom de la structure :

..........................................................................................................................................

➠ Missions du lieu de restauration :

..........................................................................................................................................

..........................................................................................................................................

..........................................................................................................................................

➠ Fonctionnement du lieu de restauration (horaires...) :

..........................................................................................................................................

..........................................................................................................................................

..........................................................................................................................................

..........................................................................................................................................

➠ Type de restauration :

..........................................................................................................................................

➠ Technique de production du lieu de restauration :

..........................................................................................................................................

..........................................................................................................................................

➠ Technique de distribution du lieu de restauration :

..........................................................................................................................................

..........................................................................................................................................

➠ Protocoles mis en application *(apporter des documents)* :

..........................................................................................................................................

..........................................................................................................................................

..........................................................................................................................................

➠ Personnel de cuisine (rôle et qualification, règles d'hygiène et tenue de travail à respecter) :

......................................................................................................................................................

......................................................................................................................................................

......................................................................................................................................................

......................................................................................................................................................

......................................................................................................................................................

......................................................................................................................................................

➠ Locaux et équipement :
*(plan de la cuisine à se procurer ou à dessiner, photos du matériel utilisé)*

➠ Public accueilli (régimes spécifiques et leur mise en place) :

......................................................................................................................................................

......................................................................................................................................................

......................................................................................................................................................

......................................................................................................................................................

......................................................................................................................................................

......................................................................................................................................................

# 1 L' adaptation des repas

## Équilibre alimentaire

L'équilibre d'un repas ne se fait pas obligatoirement sur un menu, mais peut s'étaler sur la journée, voire sur la semaine.
L'alimentation variée est la garantie d'un apport satisfaisant en vitamines et minéraux.
Faire au moins 3 repas par jour est nécessaire au bon fonctionnement du système digestif.
Il existe 7 groupes d'aliments. La façon la plus simple pour diversifier son repas et de « piocher » dans chacun des groupes :

| | |
|---|---|
| lait et produits laitiers | 1 part |
| viandes, poissons et œufs | 1 part |
| corps gras | animal (½ part) et végétal (½ part) |
| céréales, féculents et produits sucrés | 1 part |
| fruits et légumes crus | 1 part |
| fruits et légumes cuits | 1 part |
| sans oublier l'eau | |

Le sucre et les produits sucrés ne sont pas indispensables. Mais ils représentent un aliment plaisir et un apport rapide en énergie. Les matières grasses ont un rôle de thermorégulation. Les viandes, poissons et œufs aident à la croissance et à la réparation des tissus (formation de nouvelles cellules). Le lait et les produits laitiers influent sur la croissance et la consolidation des os grâce au calcium. Les légumes et les fruits permettent de défendre l'organisme et favorisent le transit intestinal. Les céréales et dérivés apportent de l'énergie sur la durée. Les boissons hydratent le corps, l'eau étant la seule boisson indispensable à la survie de l'homme.

### La pyramide alimentaire

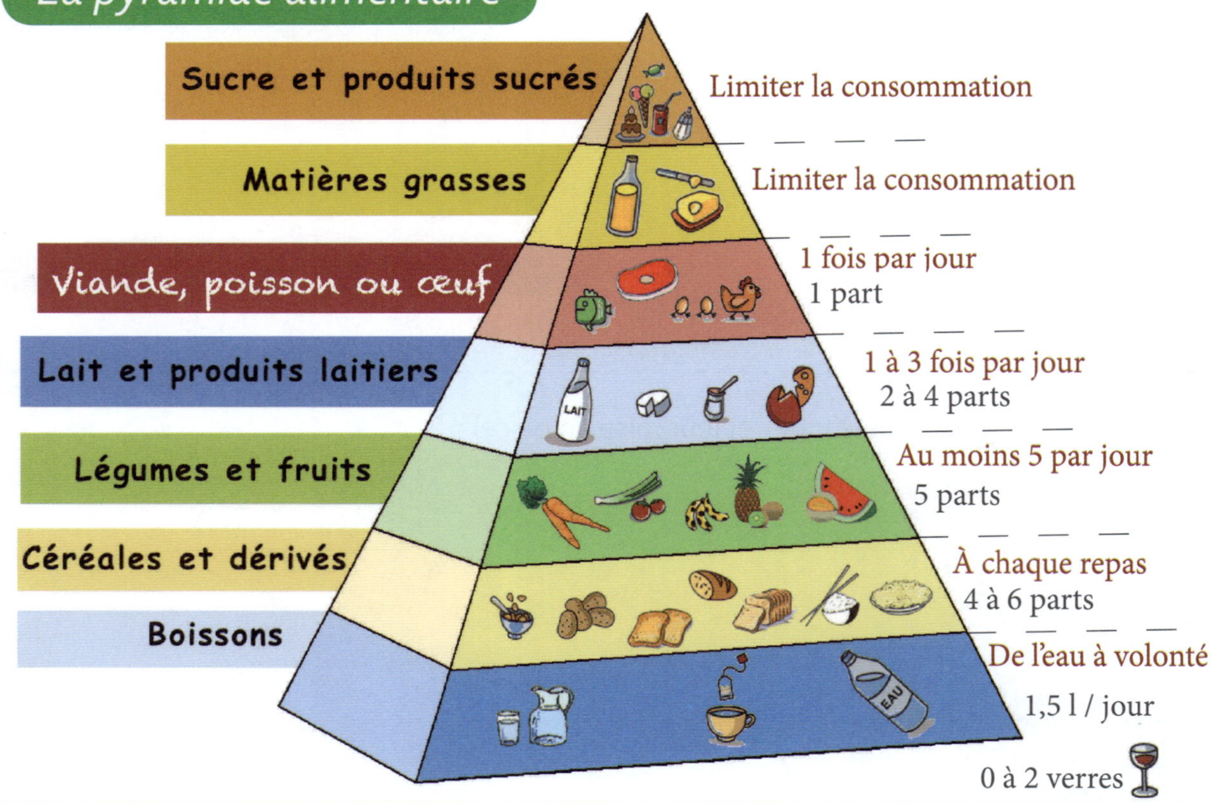

## Pathologies d'origine alimentaire

| CAUSES ALIMENTAIRES | CONSÉQUENCES | EXPLICATIONS |
|---|---|---|
| Trop de lipides | Maladies cardio-vasculaires | Elles regroupent l'ensemble des maladies du cœur et des vaisseaux sanguins. Ce sont des maladies coronaires responsables de l'angine de poitrine ou encore des infarctus. |
| | Obésité | Excès de masse grasse dans le corps, déséquilibre entre l'apport calorique quotidien et les dépenses énergétiques. L'organisme dépense moins mais reçoit plus, donc stocke une partie du surplus. |
| Trop de sodium | Hypertension | L'hypertension artérielle se caractérise par une pression anormalement forte du sang sur la paroi des artères. |
| Carence en calcium | Ostéoporose | Perte de la résistance des os qui prédispose aux fractures. Les os se fragilisent en raison d'un manque de calcium, de phosphore et d'autres minéraux. |
| Insuffisance en vitamine D | Rachitisme | Maladie de la croissance et de l'ossification observée chez le nourrisson et le jeune enfant. |

La prise alimentaire est influencée par certaines pathologies telles que :

### • *Le diabète*

C'est un excès de sucre dans le sang.

*Traitement* : surveillance de l'alimentation, injection d'insuline.

Il existe deux types de diabète :

*- Diabète de type I (diabète insulino-dépendant ) :* il touche principalement les jeunes de moins de 20 ans et peut être héréditaire. Il est lié à un dysfonctionnement du pancréas.

Symptômes : amaigrissement, faim, soif intense et élimination excessive d'urine.

*- Diabète de type II (diabète non insulino-dépendant) :* il touche les personnes de plus de 40 ans.

L'insuline n'est, dans ce cas, pas produite en quantité suffisante ou n'agit pas correctement.

Symptômes : fatigue, mauvaise vue, sensation de bouche sèche, besoin d'uriner souvent, faim et soif constante, picotements dans les pieds.

### • *Les intolérances alimentaires*

Impossibilité pour l'organisme de supporter certains aliments sans pour autant faire une réaction allergique (réaction immunitaire).

### • *Les allergies alimentaires*

Réaction immunitaire qui survient après la consommation de certains aliments (chaleur, douleur, rougeur, gonflement).

## Élaborer des menus

**Pour composer un menu équilibré, la règle est simple :**

il faut choisir un et seulement un aliment de chacun des groupes d'aliments.

La **première** étape consiste à fixer le plat protidique (viande, œuf, poisson), choisir le légume d'accompagnement (légume cuit ou féculent) et ajouter un produit laitier.

La **seconde** étape consiste à choisir une entrée et un dessert parmi les groupes d'aliments restants.

*Exemples de menus équilibrés (voir code couleur des groupes alimentaires)*

| Menu 1 | Menu 2 |
|---|---|
| Carottes râpées + vinaigrette | Salade de blé + vinaigrette |
| Escalope de dinde | Blanquette de veau |
| Pommes de terre sautées | Gratin de choux-fleurs |
| Yaourt | Emmental |
| Compote de pommes | Pomme |

Fiche Pédagogique

## Menu 3

Radis
+ beurre

Steak haché

Spaghetti

Petit-suisse

Tarte aux abricots

## Menu 4

Salade de lentilles
+ vinaigrette

Poulet rôti

Haricots verts

Camembert

Clémentine

## Menu 5

Tomates + vinaigrette

Filet de cabillot

Riz

Yaourt aux fruits

Compote de poires

# 1 L'adaptation des repas

## Exercices ludiques

Replacer les termes ci-dessous dans les cases correspondantes *(attention : certains termes peuvent se trouver dans plusieurs cases à la fois).*

**Code couleur**

bleu / rouge / orangé / kaki / vert clair / vert foncé /

**Apports caractéristiques et intéressants du groupe**

vitamines (lait entier) : A, B, D / fibres / eau / ensemble des lipides / sels minéraux / glucides / très grandes variétés de vitamines / protéines animales / protéines végétales / fer / calcium / fibres / vitamines B / vitamines : A, B / vitamines liposolubles : A, D, E, K.

**Rôles correspondants**

évitent la décalcification / renouvellement des acides animés indispensables / permettent la croissance osseuse (essentielle à l'adolescence) / couvrent les besoins en vitamines / favorisent le transit intestinal / très énergétique (mais digestion lente) / source d'énergie / éléments constructeurs du corps / indispensable à faibles doses / attention aux sucres ajoutés (inutiles).

| Les groupes d'aliments | Code couleur | Apports caractéristiques et intéressants du groupe | Rôles correspondants |
|---|---|---|---|
| **Lait et produits laitiers :**<br>- lait<br>- yaourts, desserts lactés<br>- fromage | | | |
| **Aliments protidiques :**<br>- viandes<br>- œufs<br>- poissons | | | |
| **Légumes et fruits crus et cuits** | | | |
| **Aliments glucidiques :**<br>- féculents<br>- sucres | | | |
| **Corps gras :** matières grasses | | | |
| **Boissons / eau** | | | |

# Travail de recherche

Travail de groupe

1 Pendant une semaine, relever les menus du midi de la restauration scolaire de votre établissement et repérer les différents groupes d'aliments présents avec le code couleur approprié.

| lundi | mardi | mercredi | jeudi | vendredi |
|---|---|---|---|---|
| | | | | |

2 Rechercher sur Internet des informations afin de compléter le tableau ci-dessous.

| Pathologies | Cholestéro-lémie | Hyper-tension | Diabète | Allergie alimentaire À préciser : ……… | Intolérance alimentaire À préciser : ……… | Constipation | Diarrhée |
|---|---|---|---|---|---|---|---|
| Aliments à éviter | | | | | | | |
| Aliments à privilégier | | | | | | | |

Travail individuel
à faire à la maison et à mettre en commun avec le reste de vos camarades

3 Compléter le tableau ci-dessous en indiquant tous les repas du soir pris au cours de la semaine.

| lundi | mardi | mercredi | jeudi | vendredi |
|---|---|---|---|---|
| | | | | |
| Trop de ……………… | Trop de ……………… | Trop de ……………… | Trop de ……………… | Trop de ……………… |
| Manque de ……………… | Manque de ……………… | Manque de ……………… | Manque de ……………… | Manque de ……………… |
| Modifications : | Modifications : | Modifications : | Modifications : | Modifications : |

# 2 L'achat et le stockage de denrées alimentaires

## Acheter des denrées dans une perspective de durabilité

Il est important que la liste des courses soit établie par rayon (exemple : produits frais, épicerie...) afin de pouvoir s'organiser et de gagner en efficacité. Il est préférable d'acheter en dernier les produits surgelés et prendre la précaution de les transporter dans un sac isotherme pour éviter la rupture de la chaîne du froid.

### Les bons réflexes :

• ***Privilégier les produits biologiques ou issus d'une agriculture raisonnée,***

pour favoriser les modes de culture respectueux des cycles végétaux, du bien-être animal et de la santé.

• ***Privilégier les fruits et légumes de saison,***

pour respecter les rythmes naturels, les qualités nutritives et le bien-être animal et végétal.

• ***Privilégier les productions locales, de proximité,***

pour maintenir un approvisionnement local, un cadre de vie harmonieux et limiter les transports (donc les émissions de gaz à effet de serre).

• **Limiter la pollution par des gestes simples,**

éviter les emballages individuels et cuisiner davantage de produits frais.

ECO EMBALLAGES

*Calendrier simplifié*
*des fruits et légumes de saison*

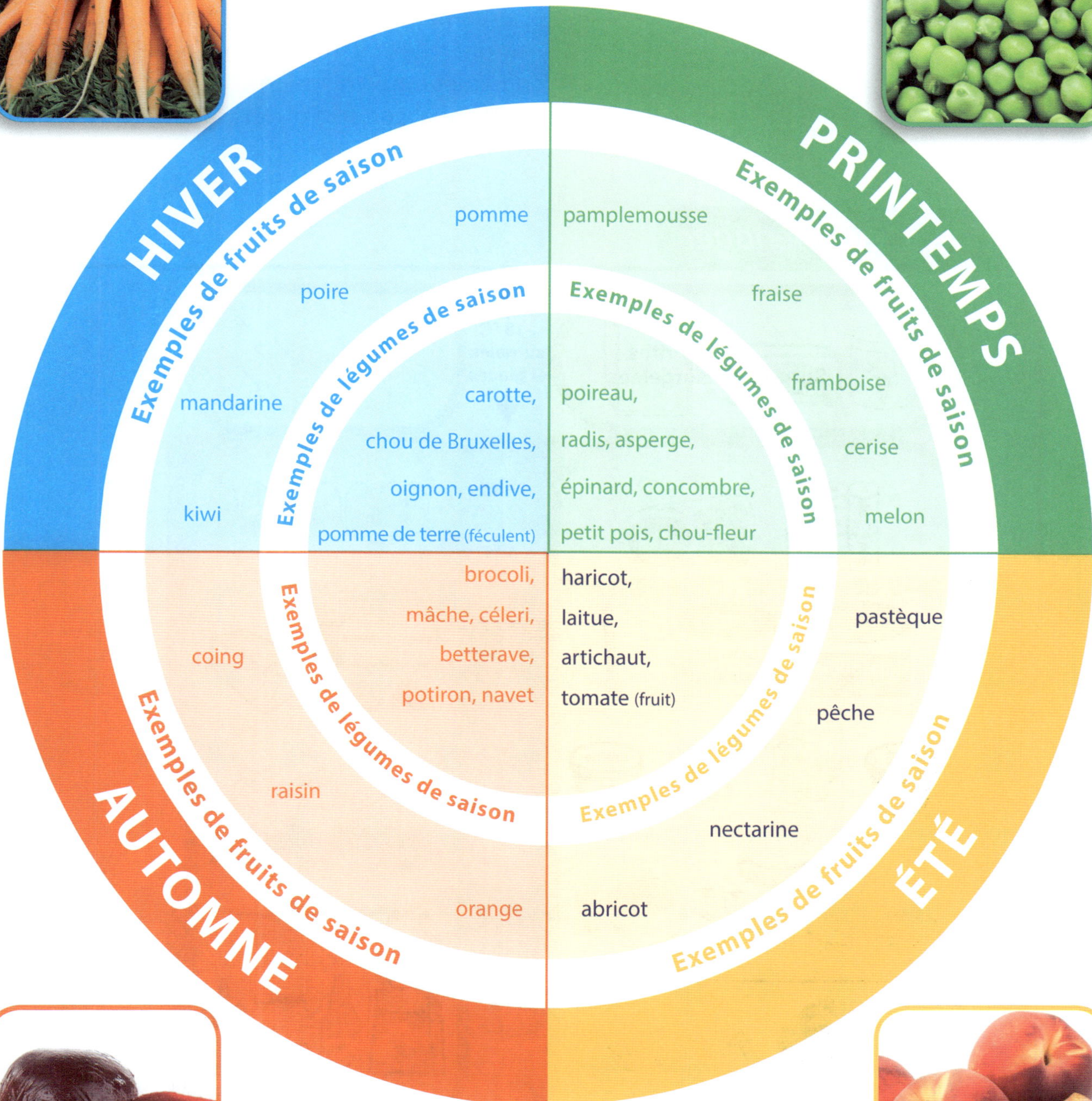

# Stocker les denrées dans le respect des règles d'hygiène et de conservation

Sur chaque produit alimentaire, sont précisées les conditions de conservation et de stockage. Il faut donc être vigilant sur la lecture des étiquettes et attentif aux DLC (date limite de consommation) et DLUO (date limite d'utilisation optimale).

Certains produits peuvent être stockés, d'autres doivent être renouvelés tous les jours. Les temps de conservation devront être respectés ainsi que les lieux de stockage.

Les aliments soumis à différentes températures auront des temps de conservation très différents qui changeront à partir du moment où l'emballage sera ouvert.

## *Le réfrigérateur ménager*

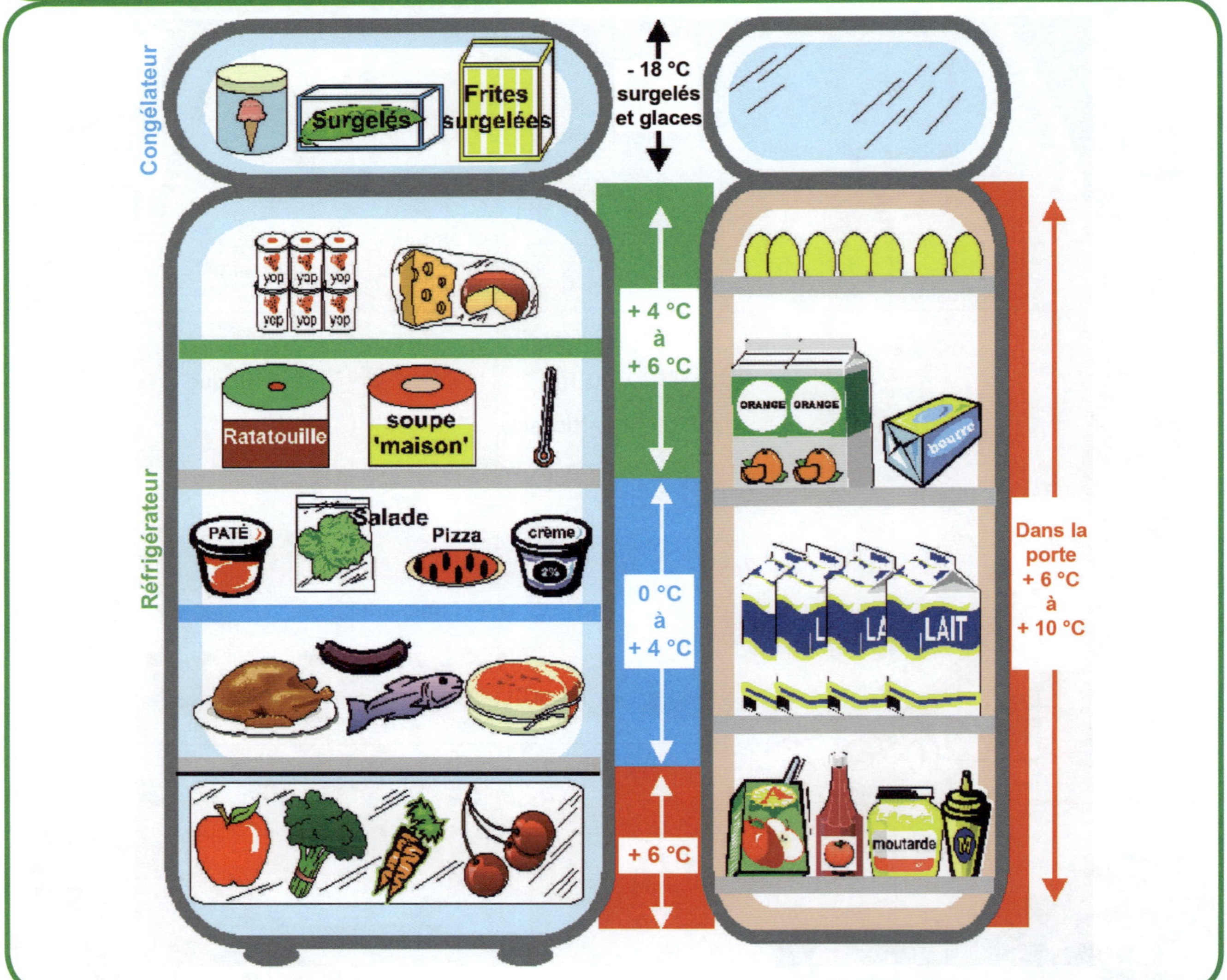


http://bergamo.cemagref.fr

Il est important de respecter les règles d'hygiène et de conservation des produits afin d'éviter les intoxications alimentaires. Celles-ci sont dues à un empoisonnement causé par l'ingestion d'aliments contaminés par un agent pathogène. Elles sont provoquées par la consommation de produits contenant des toxines libérées par la croissance des bactéries. On parle aussi de toxi-infections alimentaires pour des troubles digestifs qui disparaissent en quelques jours. Lorsqu'un groupe de personnes, ayant consommé le même aliment, présentent les mêmes symptômes, on parle de toxi-infection alimentaire collective. Exemples de micro-organismes pathogènes : staphylocoque, listeria, toxine botulique, salmonelle...

## • *Les facteurs de multiplication bactérienne*

La température,
le pH (acidité),
l'eau,
l'oxygène,
le temps,
la lumière,
l'obscurité,
les nutriments,
les substances antagonistes.

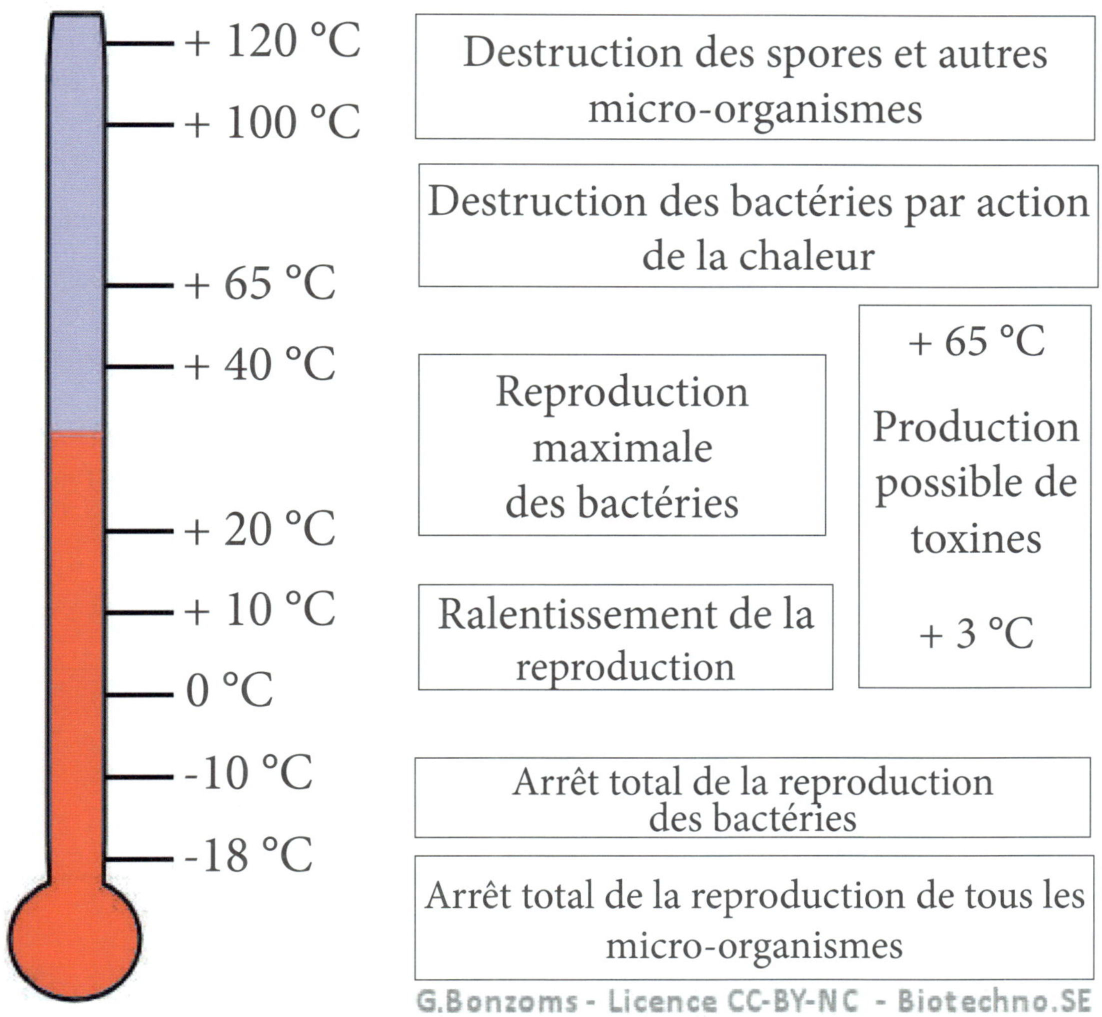

# 2 L'achat et le stockage de denrées alimentaires

## Exercices ludiques

Relier les différentes expressions ci-dessous en vous inspirant de l'exemple donné.

| Périodicité d'achats alimentaires | Aliments | Conseils de stockage |
|---|---|---|
| Tous les jours • | • Pain • | • Réfrigérateur |
| | • Fruits • | |
| | • Fromages • | |
| 1 fois par mois • | • Yaourt • | • Bac du réfrigérateur |
| | • Viande-charcuterie-poisson • | |
| 1 à 3 fois par semaine • | • Pomme de terre • | • Porte du réfrigérateur |
| | • Œuf • | |
| Tous les 2 jours • | • Légumes • | • Boîte à pain, sac à pain |
| | • Produits surgelés • | |
| 2 fois par mois • | • Lait UHT ouvert • | • Freezer (-12 °C) ou congélateur (-18 °C) |
| | • Épicerie • | |
| 1 fois par semaine • | • Boisson • | • Placard |

## Travail de recherche

Travail de recherche individuel à mettre en commun avec le reste de vos camarades

Découper et coller ici une étiquette d'un emballage alimentaire de votre choix et la commenter.

............................................................................

............................................................................

............................................................................

............................................................................

## Travail de recherche sur Internet à faire en groupe

Au sein de chaque menu suivant, repérer les fruits et les légumes et indiquer quels sont les mois les plus favorables pour les consommer dans une perspective de développement durable.

| | | | | | |
|---|---|---|---|---|---|
| **Menu 1** | Taboulé | Chipolatas | Petits pois au jus | Fromage fondu | Kiwi |
| **Menu 2** | Salade verte | Steak haché | Pâtes | Yaourt nature | Banane |
| **Menu 3** | Salade de haricots rouges | Cordon bleu | Mousseline maraîchère | Camembert | Poire |
| **Menu 4** | Radis et beurre doux | Poisson | Purée | Fromage blanc | Fruits rouges |
| **Menu 5** | Pizza | Rôti de dinde | Haricots verts persillés | Saint-nectaire | Compote de pommes |
| **Menu 6** | Segments de pamplemousse | Filet de merlu beurre de citron | Gratin de pommes de terre | Saint-Paulin | Flan au caramel |
| **Menu 7** | Tomates vinaigrette | Raviolis de bœuf | | Yaourt | Salade de fruits exotiques |

| Fruits | Mois de consommation les plus favorables | Légumes | Mois de consommation les plus favorables |
|---|---|---|---|
| | | | |
| | | | |
| | | | |
| | | | |
| | | | |
| | | | |
| | | | |

# 3 La réalisation de préparations culinaires

## Respecter les consignes

| Critères | Consignes |
| --- | --- |
| Propreté, hygiène, sécurité, respect de l'environnement | – Nettoyage du plan de travail<br>– Lavage des mains (avoir les ongles courts sans vernis)<br>– Tenue (port de la blouse, chaussures antidérapantes, pas de bijoux, cheveux attachés, port d'une charlotte, utilisation de gants à usage unique si besoin)<br>– Sécurité (ne pas laisser les appareils de cuisson allumés sans surveillance, passer à l'eau les allumettes utilisées)<br>– Limiter le gaspillage des denrées alimentaires, de l'eau (ne pas laisser couler l'eau du robinet...) et de l'énergie (mettre un couvercle...)<br>– Trier les déchets (tri sélectif...) |
| Organisation | – Capacité d'organisation et de logique dans le travail<br>– Prise du matériel et des denrées |
| Technique | – Suivi de la recette<br>– Respect des quantités |
| Rangement | – Lavage du plan de travail<br>– Lavage de la vaisselle<br>– Séchage de la vaisselle<br>– Rangement de la vaisselle |
| Résultat | – Présentation de la réalisation<br>– Goût, saveur |

## Mettre en place des techniques professionnelles adaptées en respectant l'organisation de l'activité dans l'espace et dans le temps

**Quelques conseils :**

– Sortir un torchon pour les mains et un torchon pour la vaisselle à proximité de l'évier ;
– Penser à la décoration des plats et à l'assaisonnement (sel, poivre) ;
– Préparer le matériel sur le plan de travail préalablement nettoyé ;
– Préparer à l'avance les ingrédients non périssables ;
– Préparer au dernier moment les ingrédients périssables ;
– Connaître les techniques de base (vinaigrette, pâte sablée, compote, purée...) ;
– Connaître les tableaux de conversion.

# Exemples de recettes

## Le gâteau marbré

**Ingrédients** :

200 grammes de sucre
200 grammes de farine
3 œufs
1 cuillérée à soupe de cacao
1 sachet de sucre vanillé
125 grammes de beurre
6 cuillérées à soupe de lait
½ sachet de levure

**Exécution** :

– Préchauffer le four thermostat 5.
– Mettre le beurre et le sucre dans une terrine, faire légèrement tiédir au bain-marie.
– Bien travailler à la spatule afin d'obtenir un mélange crémeux.
– Ajouter les jaunes d'œufs, puis la farine, le lait et la levure.
– Battre les blancs en neige ferme, les ajouter à la pâte.
– Diviser la pâte en deux, parfumer l'une à la vanille, l'autre au cacao.
– Beurrer un moule à cake.
– Mettre les pâtes dans le moule, la vanille au fond et le chocolat dessus.
– Cuire à four modéré, thermostat 5, pendant 45 mn environ.



**Rappels utiles :**

| Volumes | l | dl | cl | ml |
|---|---|---|---|---|
| 1 litre (1 l) | 1 | 10 | 100 | 1 000 |
| 1/2 litre (1/2 l) | 0,5 | 5 | 50 | 500 |
| 1/3 litre (1/3 l) | 0,33 | 3,3 | 33 | 333 |
| 1/4 litre (1/4 l) | 0,25 | 2,5 | 25 | 250 |
| 1/5 litre (1/5 l) | 0,2 | 2 | 20 | 200 |
| 1/8 litre (1/8 l) | 0,125 | 1,25 | 12,5 | 125 |
| 1/10 litre (1/10 l) | 0,1 | 1 | 10 | 100 |

| Dosage | 1 c.c.* rase | 1 c.à s.** rase | 1 verre (rempli jusqu'à 1 cm du bord) |
|---|---|---|---|
| Eau | 5 g | 15 g | 100 g (10 cl) |
| Sel fin, sucre | 6 g | 15 g | 110 g |

*c.c. : cuillère à café. **c.à s. : cuillère à soupe. 1 kg = 1 000 g

## Les crêpes bretonnes au beurre salé

**Ingrédients** (pour 10 crêpes) :

125 g de farine
1 pincée de sel
2 gros œufs
25 cl de lait
5 cl d'eau
50 g de beurre salé
1 cuillère à soupe de sucre
1 sachet de sucre vanillé

**Préparation de la recette :**

– Mélanger la farine avec le sel, y ajouter les œufs battus et mélanger de nouveau.
– Ajouter le sucre, le lait, très lentement, puis l'eau.
– Finir avec le beurre fondu. Laisser reposer 1/2 heure au frais.

• Pour chaque crêpe : graisser une poêle à crêpes, y verser une louche de pâte et laisser cuire. Retourner la crêpe à l'aide d'une longue spatule.

## Les crêpes au sarrasin farcies à l'œuf, fromage et jambon

**Ingrédients** (pour 6 personnes) :

250 g de farine de blé noir (sarrasin)
2 œufs pour la pâte + autant d'œufs que de crêpes
fromage râpé
25 cl de lait
25 cl d'eau
40 g de beurre
huile
sel, poivre

**Préparation de la recette :**

– Verser la farine dans un saladier.
– Faire un puits au milieu et y casser les 2 œufs.
– Fouetter le tout en ajoutant au fur et à mesure le lait ainsi que l'eau.
– Terminer en ajoutant le beurre fondu.
– Poivrer et saler, peu !
*Laisser reposer cette préparation 2 h avant utilisation...*

1 – Faire chauffer une poêle à crêpe avec l'huile, quand elle est bien chaude, y verser la pâte à crêpe.
2 – Faire cuire le premier côté et retourner la crêpe. Casser l'œuf au dessus, poivrer et laisser légèrement blanchir, puis ajouter le fromage râpé ainsi que la tranche de jambon.
3 – Renouveler l'opération jusqu'à épuisement de la pâte...
4 – Pour chaque crêpe, rabattre deux côtés puis replier les deux autres.

# Gérer les restes alimentaires

Restauration collective

STOP PAS DE RESTE

L'idéal serait de cuisiner les quantités nécessaires et utiles à la consommation en prenant en compte les besoins nutritionnels et l'appétit de la personne afin qu'il n'y ait pas de restes alimentaires. **En restauration collective la réglementation est stricte et ne permet pas la réutilisation des restes alimentaires**.

Néanmoins, **à domicile**, plusieurs options permettent d'**éviter le gaspillage alimentaire** :

– Redonner vie en **accommodant les restes** sous forme de gratins, de hachis ou encore de purée par exempl.e

– Les **congeler** pour pouvoir les consommer ultérieurement dans un délai maximum de 2 mois.

– Dans des récipients propres qui n'ont pas servi à la cuisson ou au service, **recouvrir les restes d'un film plastique, les placer au réfrigérateur après les avoir laissé refroidir**. Les restes ne doivent jamais être conservés à température ambiante et doivent être consommés dans un délai de 2 jours maximum après leur préparation.

# 3 La réalisation de préparations culinaires

## Exercices ludiques

Se familiariser avec le vocabulaire culinaire à l'aide du QCM ci-dessous. **Cocher la bonne réponse.**

**Abaisser**

- ❑ Étaler à l'aide d'un rouleau à pâtisserie une pâte pour lui donner la forme souhaitée.
- ❑ Lustrer avec un pinceau une tarte, une génoise, un gâteau d'une fine couche de sirop épais ou de gelée.
- ❑ Rendre une sauce plus acide, plus aigre en lui incorporant un jus de citron, du vinaigre.

**Appareil**

- ❑ Atténuer l'acidité ou l'amertume d'une préparation en ajoutant de l'eau, de la crème par exemple.
- ❑ Mélange de plusieurs produits alimentaires servant à la préparation d'un mets.
- ❑ Chauffer fortement un corps gras dans un récipient de cuisson pour l'empêcher de coller.

**Bain-marie**

- ❑ Procédé de cuisson qui consiste à faire cuire les aliments sur des braises rougeoyantes.
- ❑ Méthode de cuisson qui consiste à mettre le récipient contenant les aliments dans un récipient plus grand contenant de l'eau bouillante.
- ❑ Entourer une viande d'une mince tranche de lard.

**Blanchir**

- ❑ Travailler au fouet des œufs entiers ou des jaunes d'œufs avec du sucre jusqu'à ce que le mélange blanchisse.
- ❑ Plonger quelques minutes dans un liquide porté à ébullition afin d'attendrir ou atténuer l'âcreté d'un ingrédient.
- ❑ Cuire un aliment dans un corps gras chaud en lui donnant une coloration blonde.

**Chemiser**

- ❑ Cuire doucement et longuement un légume ou un fruit.
- ❑ Frotter la surface de certains fruits ou légumes avec du citron pour éviter leur oxydation au contact de l'air.
- ❑ Enduire les parois d'un moule d'une fine couche de gelée, de sucre glace, de biscuit à la cuillère, de papier sulfurisé beurré...

**Clarifier**

- ❑ Séparer le jaune du blanc d'œuf.
- ❑ Tailler une tomate préalablement mondée et épépinée en petits cubes.
- ❑ Cuire des morceaux de viande lentement dans la graisse.

**Délayer**

- ❑ Retirer les nerfs d'une pièce de viande à l'aide d'un couteau.
- ❑ Retirer une préparation de son moule de cuisson avant le service.
- ❑ Diluer un aliment dans un liquide (eau, vin, sauce...).

**Écaler**

- ❑ Retirer la coquille des œufs durs.
- ❑ Tremper un aliment dans de l'eau bouillante pour en retirer facilement la peau.
- ❑ Enlever les cosses de certains légumes pour n'en conserver que les graines (petits pois...).

**Fontaine**

- ❑ Travailler une crème un appareil ou un ingrédient à l'aide d'un fouet.
- ❑ Trou pratiqué au centre d'un tas de farine pour y placer les ingrédients qui doivent être mélangés progressivement et régulièrement.
- ❑ Remplir, farcir.

— — — — — — — —

**Réserver**

- ❑ Colorer sur feu vif toutes les faces d'un ingrédient.
- ❑ Faire sauter vivement un ingrédient avant de le mouiller.
- ❑ Mettre en attente, mettre de côté.

— — — — — — — —

**Tamiser**

- ❑ Passer un ingrédient dans un tamis ou une passoire fine afin d'éliminer les grumeaux ou d'éventuelles particules et obtenir une poudre fine et régulière.
- ❑ Beurrer la surface d'une préparation afin d'éviter la formation d'une peau.
- ❑ Étaler un produit en pommade sur des tranches de pain de mie ou de toasts.

## Travail d'implication

Travail individuel à mettre en commun avec le reste de vos camarades

**Préparer un plat culinaire** à la maison ou en stage puis remplir la fiche ci-dessous :

- Nom de la recette : ..........
- Objectif de cette préparation : ..........
- Durée : ..........
- Lieu : ..........
- Matériel et produits ..........

..........

- Ce qui se passe **avant** (se préparer, préparer le matériel, les denrées, le plan de travail...).

..........

..........

- Ce qui se passe **pendant** (étapes par ordre chronologique, moyens utilisés, modes opératoires, techniques professionnelles utilisées).

..........

..........

..........

- Préciser les règles d'hygiène, de sécurité, le respect de l'environnement et l'organisation dont vous avez fait preuve.

..........

..........

- Ce qui se passe **après** (rangement, entretien).

..........

## Décrire l'anatomie de l'appareil digestif

### L'appareil digestif

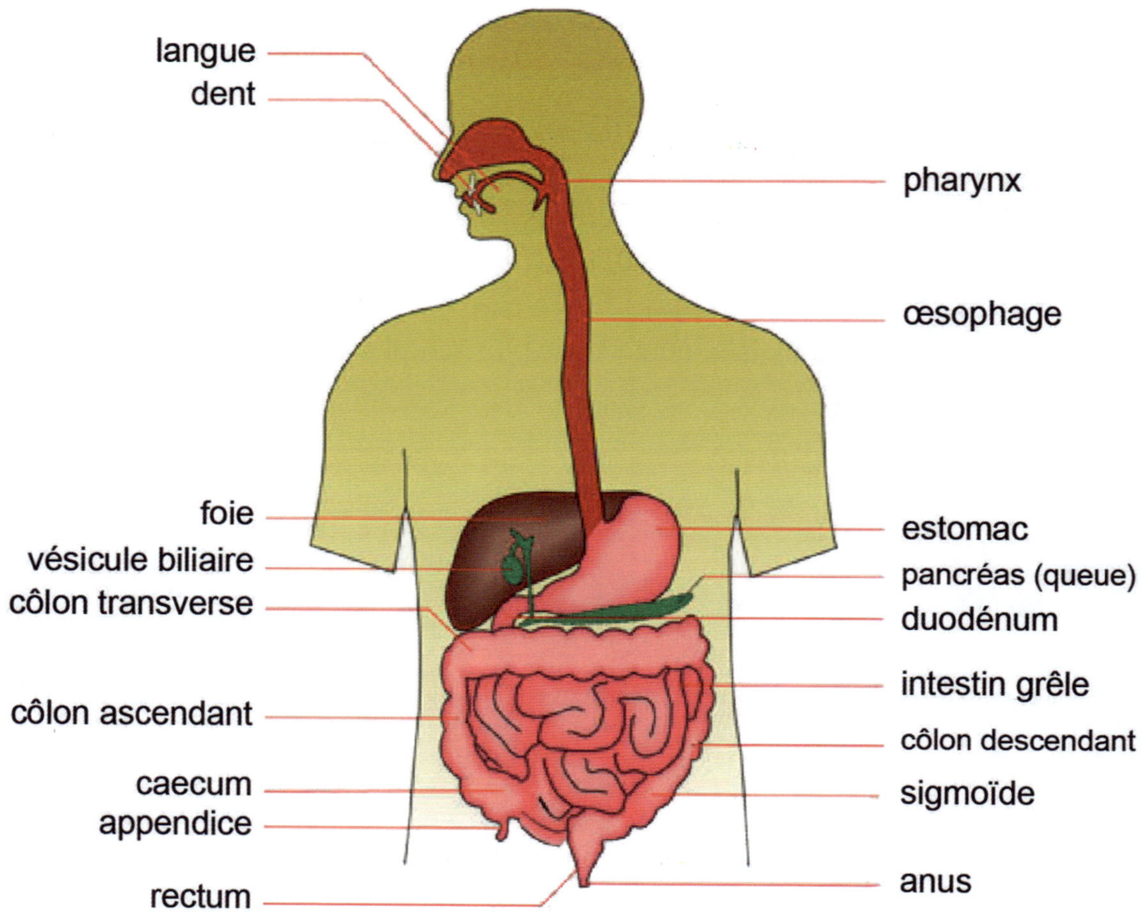


www.infovisual.info

La digestion est la transformation des aliments dans l'appareil digestif. L'absorption intestinale permet de transformer des aliments (grosses molécules complexes) en nutriments (molécules simples) capables d'être utilisés par des cellules. Grâce à l'absorption intestinale, ces nutriments passent soit dans la circulation sanguine, soit dans la circulation lymphatique, puis ils sont distribués à l'ensemble des cellules qui les utilisent à des fins énergétiques ou les stockent selon les besoins de l'organisme.

La prise en compte de la déglutition (fonction de l'organisme qui consiste à avaler les aliments) chez la personne aidée est un moyen de prévention contre les fausses routes ou risques d'étouffement.

# Techniques d'aide à la prise du repas ou de la collation

Il est important avant tout de respecter les habitudes alimentaires de la personne et d'associer les repas à un moment de plaisir et de convivialité.

## Quelques conseils d'aide à la prise des repas

- stimuler l'appétit de la personne en rendant les plats attractifs (esthétique, odeur agréable...) ;
- annoncer le menu, dialoguer avec la personne, s'assurer que tout se passe bien, qu'elle apprécie le repas ;
- proposer des plats adaptés aux goûts et à l'âge de la personne aidée ;
- respecter, s'il le faut, les régimes alimentaires ;
- favoriser le confort au moment des repas (la personne doit être bien installée) ;
- favoriser les pauses collations dans le cas où la personne a des difficultés à se nourrir, ce qui permet de fractionner les repas ;
- utiliser des aides techniques si besoin (adaptable, couverts coudés...) ;
- stimuler l'autonomie de la personne;
- préparer le couvert et poser à portée de main de la personne : pain, verre d'eau, serviette, sel, poivre ;
- veiller si besoin à la bonne prise des médicaments ;
- transmettre toutes anomalies observées à son responsable et à ses collègues.

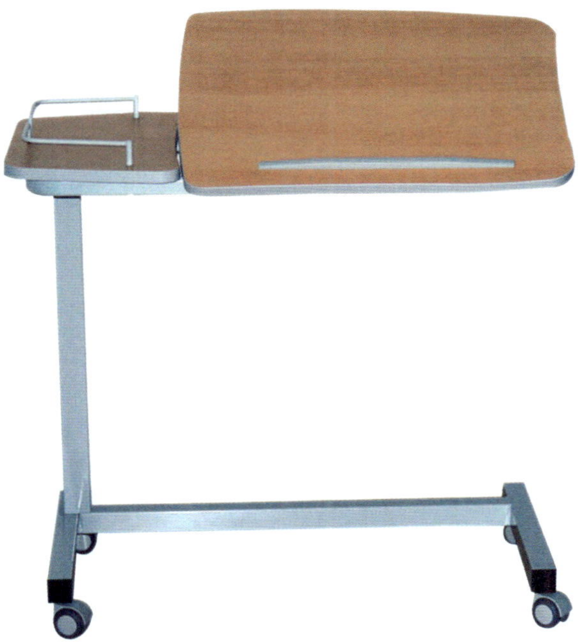

*Utiliser du matériel adapté en cas de besoin*

## Techniques d'aide à la prise des repas selon les besoins et le degré de dépendance de la personne

➢ L'aide **partielle** à la prise du repas consiste à mettre tous les aliments à disposition de la personne, les couper, éplucher les fruits, lui donner ses couverts et son verre d'eau. Lorsque la personne commence à fatiguer, prendre le relais et la faire manger en fin de repas.

➢ L'aide **totale** à la prise du repas consiste à se placer au même niveau que la personne, lui mettre une serviette autour du cou, lui demander par quoi elle veut commencer, si la température des aliments lui convient. Il faut lui donner des petites bouchées et respecter son rythme afin d'éviter les fausses routes. Veiller également à lui essuyer la bouche de temps en temps et ne pas la brusquer pour lui donner le temps de mastiquer et d'avaler les aliments. Avant de lui proposer une autre cuillère, vérifier qu'elle a bien fini d'avaler l'aliment précédent. Il ne faut pas hésiter à faire des pauses et lui proposer à boire de temps en temps (parfois l'eau gélifiée à la petite cuillère est préconisée).

Remarque : si la personne est désorientée, nommer les gestes pratiqués et les différents aliments au fur et à mesure de la prise alimentaire. Inciter la personne à boire régulièrement.

En ce qui concerne l'enfant, l'âge et la capacité de celui-ci vont amener le professionnel soit à lui donner à manger en veillant également à respecter son rythme de déglution, soit à mettre tout à sa disposition en coupant certains aliments.

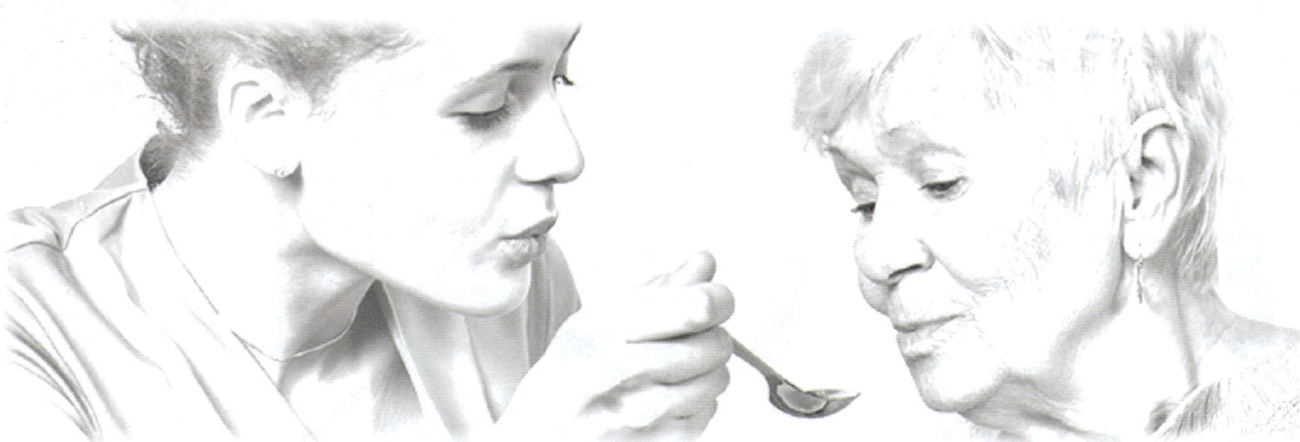

## Ce qui peut influencer la prise de repas

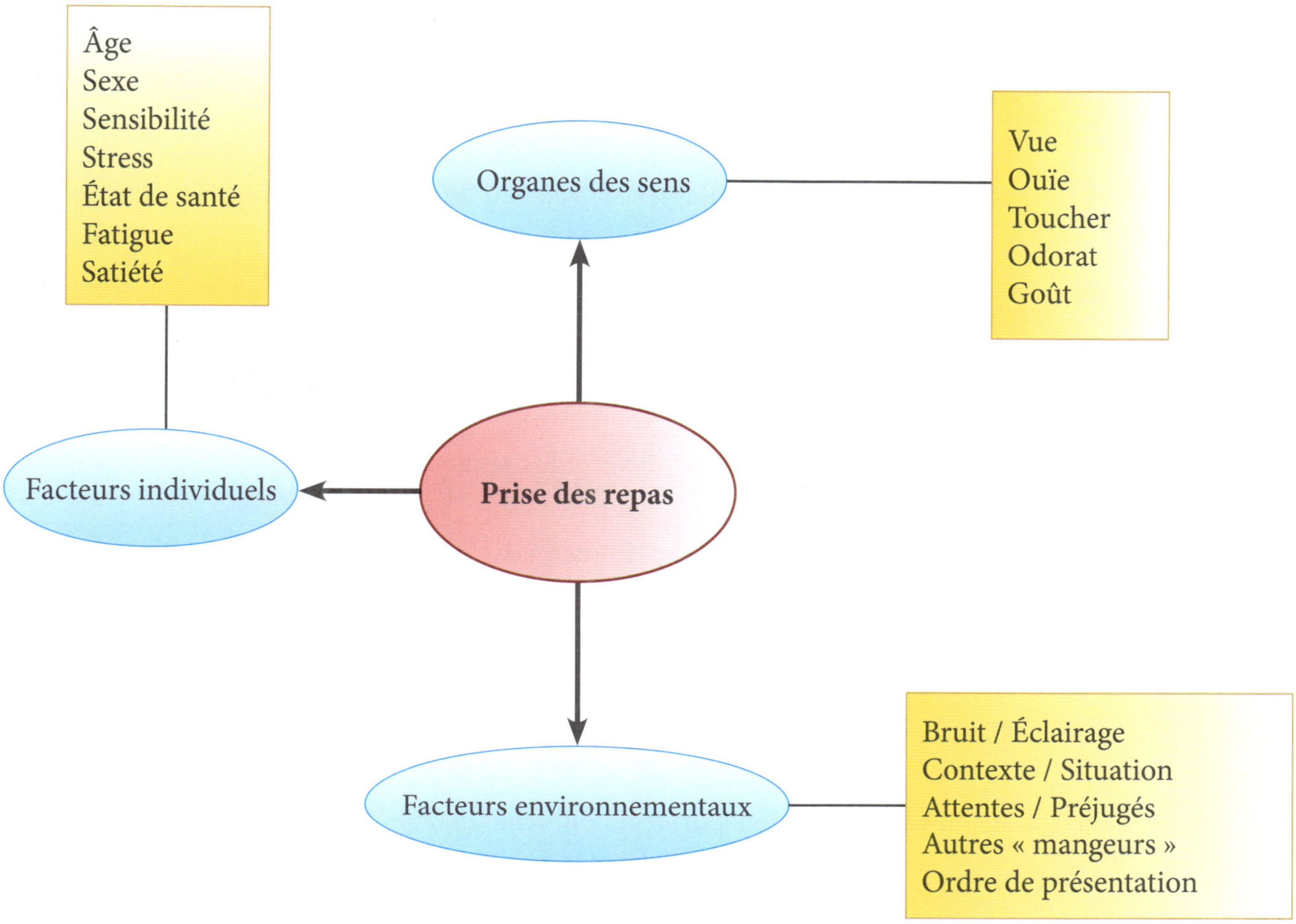

# 4 L'aide au repas

## Exercices ludiques

1 Retrouver de quel organe de l'appareil digestif (*voir schéma page 28*) il s'agit à l'aide de leurs différents rôles :

| Rôle | Organe |
|---|---|
| Les aliments y sont réduits en petits morceaux et mélangés à la salive (sécrétée par les glandes salivaires) qui débute la digestion. | |
| C'est le lieu d'absorption de l'eau et de transport des résidus alimentaires inutilisables. | |
| Les aliments sont mélangés et mis en contact avec les sucs gastriques qui poursuivent la digestion. | |
| Les sécrétions digestives provenant du pancréas, du foie, de la vésicule biliaire et des cellules intestinales terminent la digestion des aliments. | |
| Les déchets solides (selles) y sont stockés jusqu'à ce qu'ils soient éliminés par l'anus. | |
| Grâce à ses contractions, il permet de transporter les aliments de la bouche vers l'estomac. | |
| Les aliments, réduits à des nutriments, sont assimilés et passent dans la circulation sanguine générale. | |



2 Quiz sur l'alimentation de l'enfant. Cocher la réponse qui convient.

| | Vrai | Faux |
|---|---|---|
| Tous les produits laitiers apportent la même quantité de calcium. | ❑ | ❑ |
| Les enfants n'aiment pas le poisson donc je leur donne du poisson pané à la place. | ❑ | ❑ |
| Les biscuits sont bons pour l'activité physique de l'enfant. | ❑ | ❑ |
| Les épinards sont riches en fer. | ❑ | ❑ |
| Pour éviter le risque de surpoids, il ne faut pas utiliser de matières grasses. | ❑ | ❑ |
| Les friandises au chocolat au lait apportent autant de calcium qu'un verre de lait. | ❑ | ❑ |

## Travail d'implication

<u>Travail individuel à faire si possible en stage et à mettre en commun avec le reste de vos camarades</u>

Remplir la fiche ci-dessous sur une situation d'aide au repas.

### Aide au repas

Objectif : ........................................................................................................

Activité réalisée : ........................................................................................................

Durée de l'activité : ........................................................................................................

Préparation du matériel : ........................................................................................................
........................................................................................................

Public : ........................................................................................................
........................................................................................................

Nombre de participants : ........................................................................................................
........................................................................................................

Lieu : ........................................................................................................
........................................................................................................

Présentation de l'activité : ........................................................................................................
........................................................................................................
........................................................................................................
........................................................................................................

Déroulement : ........................................................................................................
........................................................................................................
........................................................................................................
........................................................................................................
........................................................................................................
........................................................................................................

Difficultés / Solutions : ........................................................................................................
........................................................................................................

Conclusion : ........................................................................................................
........................................................................................................
........................................................................................................
........................................................................................................

# Récapitulons

## 1 Caractéristiques des lieux de restauration

### Différents types de restauration

Au sein des structures collectives, il peut s'agir :

- Soit d'une restauration directe.
- Soit d'une restauration différée.

Au sein du domicile, la personne peut faire appel :

- Soit au portage de repas.
- Soit aux services d'aide à domicile.



### Différentes techniques de production en restauration différée

Liaison chaude et Liaison froide.

### Différentes techniques de distribution

Self-service / service à l'anglaise / service à l'assiette / plateau repas / portage de repas.

### Règles d'hygiène

Du personnel de cuisine / des locaux et du matériel / concernant les aliments.

# Récap' 1 L'adaptation des repas

## Équilibre alimentaire

Chacun des groupes d'aliments doit être représenté :

- lait et produits laitiers : 1 part
- viandes, poissons et œufs : 1 part
- corps gras : animal (½ part) et végétal (½ part)
- céréales, féculents et produits sucrés : 1 part
- fruits et légumes crus : 1 part
- fruits et légumes cuits : 1 part
- sans oublier l'eau

## Pathologies d'origine alimentaire

Maladies cardio-vasculaires / obésité / hypertension / ostéoporose / rachitisme
La prise alimentaire est influencée par certaines pathologies telles que :

- Le diabète
- Les intolérances alimentaires
- Les allergies alimentaires

## Élaborer des menus

Choisir un et seulement un aliment de chacun des groupes d'aliments.

**Première étape** : fixer le plat protidique (viande, œuf, poisson), choisir le légume d'accompagnement (légume cuit ou féculent) et ajouter un produit laitier.

**Deuxième étape** : choisir une entrée et un dessert parmi les groupes d'aliments restants.

# Récap' 2 L'achat et le stockage de denrées alimentaires

## Acheter les denrées dans une perspective de durabilité

- Privilégier les produits biologiques ou issus d'une agriculture raisonnée ;
- Privilégier les fruits et légumes de saison ;
- Privilégier les productions locales ;
- Limiter la pollution par des gestes simples.

## Stocker les denrées dans le respect des règles d'hygiène et de conservation

Sur chaque produit alimentaire, sont précisées les conditions de conservation et de stockage. Il faut donc être vigilant sur la lecture des étiquettes et attentif aux DLC (date limite de consommation) et DLUO (date limite d'utilisation optimale).

Certains produits peuvent être stockés, d'autres doivent être renouvelés tous les jours. Les temps de conservation devront être respectés ainsi que les lieux de stockage.

Les aliments soumis à différentes températures auront des temps de conservation très différents qui changeront à partir du moment où l'emballage sera ouvert.

# Récap' 3 La réalisation de préparations culinaires

## Respecter les consignes

Lors de la réalisation de préparations culinaires, il faut prendre en compte les critères ci-dessous :

- propreté
- hygiène
- sécurité
- respect de l'environnement
- organisation
- technique
- rangement
- résultat

## Mettre en place des techniques professionnelles adaptées en respectant l'organisation de l'activité dans l'espace et dans le temps

- Sortir un torchon pour les mains et un torchon pour la vaisselle à proximité de l'évier ;
- Penser à la décoration des plats et à l'assaisonnement (sel, poivre) ;
- Préparer le matériel sur le plan de travail préalablement nettoyé ;
- Préparer à l'avance les ingrédients non périssables ;
- Préparer au dernier moment les ingrédients périssables ;
- Connaître les techniques de base (vinaigrette, pâte sablée, compote, purée...) ;
- Connaître les tableaux de conversion.

## Gérer les restes alimentaires

- Redonner vie en accommodant les restes,
- Les congeler,
- Les mettre au réfrigérateur.

# Récap' 4 L'aide au repas

## Décrire l'anatomie de l'appareil digestif

### L'appareil digestif

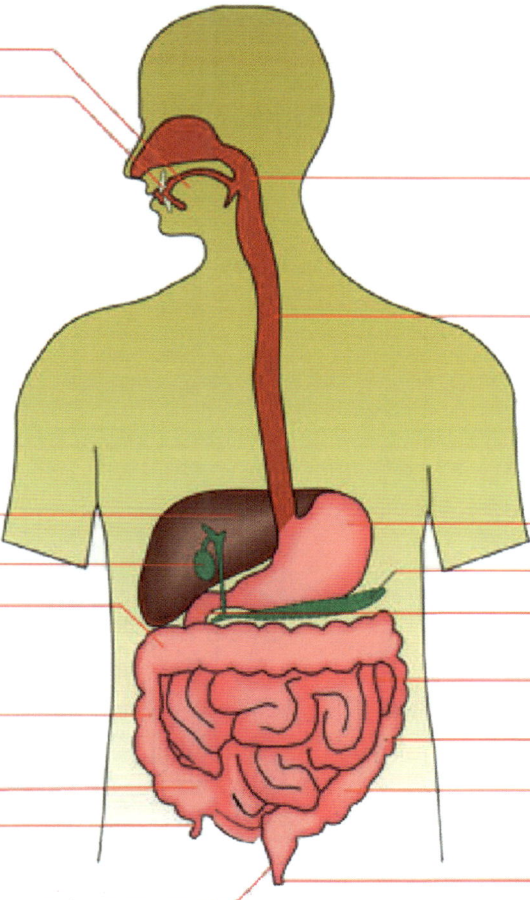


www.infovisual.info

## Techniques d'aide à la prise du repas ou de la collation

• L'aide partielle : mettre à disposition les aliments, les couper et/ou les éplucher, donner les couverts et le verre, prendre le relais si besoin.

• L'aide totale : se placer au même niveau que la personne, lui mettre une serviette autour du cou, lui demander par quoi elle veut commencer, si la température des aliments lui convient, lui donner des petites bouchées, respecter son rythme, lui essuyer la bouche de temps en temps, faire des pauses et l'inciter à s'hydrater.

# La restauration

## Bilan des connaissances

| Fiches pédagogiques | Ce que je savais déjà | Ce que j'ai découvert | Ce que je n'ai pas compris | Ce que j'ai retenu |
|---|---|---|---|---|
| **FP n° 1 :** l'adaptation des repas | | | | |
| **FP n° 2 :** achat et stockage de denrées alimentaires | | | | |
| **FP n° 3 :** réalisation de préparations culinaires | | | | |
| **FP n° 4 :** aide au repas | | | | |

## Fiches applications

| | Ce que j'ai compris | Ce que je n'ai pas compris | Ce que j'ai acquis | Ce qu'il me reste à acquérir |
|---|---|---|---|---|
| **FA n° 1 :** l'adaptation des repas | | | | |
| **FA n° 2 :** achat et stockage de denrées alimentaires | | | | |
| **FA n° 3 :** réalisation de préparations culinaires | | | | |
| **FA n° 4 :** aide au repas | | | | |

Bilan

# Travaux pratiques

Exemple d'étude de cas à faire sur plusieurs séances afin que l'apprenant puisse atteindre l'acquisition des compétences requises pour l'obtention du CAPa.

*Vous êtes aide à domicile et intervenez auprès d'un homme âgé diabétique. Vous devez réaliser, après avoir élaboré un menu et effectué les courses, un repas complet sachant que ce monsieur a peu d'appétit en ce moment.*

Conseil : le choix de la préparation devra respecter les grands principes d'équilibre alimentaire et faire preuve d'originalité.

### Feuille de préparation n° 1 : « Composer un menu équilibré »

Indiquer le menu dans les cases correspondantes et cocher les groupes d'aliments représentés.

**1re étape :**

| | Menu proposé | VOP | Produits laitiers | Corps gras | Céréales, féculents | Fruits et légumes crus | Fruits et légumes cuits |
|---|---|---|---|---|---|---|---|
| Plat protidique | | | | | | | |
| Féculent | | | | | | | |
| Produit laitier | | | | | | | |

**2e étape :**

| | | | | | | | |
|---|---|---|---|---|---|---|---|
| Entrée | | | | | | | |
| Dessert | | | | | | | |
| Bilan attendu | | | | | | | |

### Feuille de préparation n° 2 : « Courses et budget »

Lister les ingrédients nécessaires à l'élaboration de votre menu avant d'aller faire les courses. Lors de celles-ci, compléter le tableau ci-dessous après l'avoir reproduit :

| Ingrédients | Quantités utiles | Quantités achetées | Dates de péremption (DLC ou DLUO) | Conditions de conservation et de stockage | Conditions d'utilisation | Prix au kg, au l ou à l'unité | Prix de revient |
|---|---|---|---|---|---|---|---|
| | | | | | | | |
| | | | | | | | |

### Feuille de préparation n° 3
### « Réalisation d'un menu »

Préciser pour chacune de vos préparations culinaires, les éléments suivants :

- Nom de la recette
- Matériel nécessaire
- Ingrédients et quantités nécessaires
- Étapes de la recette
- Justification du plat culinaire en fonction du contexte donné

## Bilan et analyse de pratique

| TP n° | 1 | 2 | 3 | 4 | 5 |
|---|---|---|---|---|---|
| Techniques professionnelles abordées | | | | | |
| Mes points forts | | | | | |
| Mes points à améliorer | | | | | |
| Les difficultés que j'ai rencontrées | | | | | |
| Les solutions trouvées ou que j'aurai à apporter | | | | | |

# THÈME 2
# L'entretien du cadre de vie

## 2 Les enjeux du développement durable et du nettoyage professionnel à domicile et en structure

### Les enjeux du développement durable

Le développement durable concerne toute la population. Il a pour objectif de satisfaire les besoins des habitants sans compromettre ceux des futures générations. Nous devons donc laisser une planète « propre » après notre passage sur terre .

Pour cela, chaque employé doit adopter une démarche écocitoyenne qui passe par le respect de l'environnement.

Fiche Contexte

**Que l'on travaille en structure collective ou à domicile, il faut veiller à :**

- Faire le tri sélectif ;
- Limiter le gaspillage alimentaire ;
- Ne pas utiliser d'énergie inutilement ;
- Utiliser l'eau potable à bon escient ;
- Ne pas surdoser les produits ménagers, certains sont toxiques et polluants pour l'environnement ;
- Utiliser, à domicile, des produits alternatifs, plus écologiques, en accord avec la personne aidée.

Philippe Tastet, modifié par Docéo

**Il est donc important de savoir gérer les déchets dans une perspective de durabilité :**

source : http://www.mairie-lamole.fr/collecte-des-dechets

Pour le reste des déchets, il faut se rapprocher de la déchetterie de sa commune.

En restauration collective, les biodéchets (ensemble des déchets organiques issus des repas et de leurs préparations) prennent une place importante. Pour mettre en place le tri dans ce type de structure, le personnel doit avoir différents contenants bien identifiés et instaurer une habitude de tri dans son travail. Dans le cadre d'un self-service, il est intéressant de rendre l'usager acteur en lui apprenant à faire le tri sélectif de son plateau.

Fiche Contexte

# Les enjeux du nettoyage professionnel

Que ce soit à domicile ou en structure collective, le nettoyage et la désinfection ont pour objectif d'assurer l'hygiène des matériels qui entrent directement ou non en contact avec les usagers et de garder l'environnement sain.

Le nettoyage consiste à éliminer toutes **souillures physiques** tandis que la désinfection permet d'éliminer toutes **souillures microbiennes** (action momentanée).

**IL FAUT TOUJOURS NETTOYER AVANT DE DÉSINFECTER**

Dans certaines structures, on parle de bionettoyage. C'est un procédé de nettoyage, applicable dans une zone à risques, destiné à réduire momentanément la biocontamination d'une surface. La lutte contre les infections nosocomiales est un enjeu important dans les établissements de soins.

Au sein des établissements sanitaires, sociaux et médico-sociaux, le personnel peut être composé d'ASH (agent de service hospitalier) qui sont les garants du nettoyage professionnel. Ils sont chargés de l'entretien et de l'hygiène des locaux de soins et participent aux tâches permettant d'assurer le confort des usagers.

En **structure collective**, des protocoles d'entretien des locaux sont mis en place. Le matériel et les produits sont réglementés et adaptés au besoin de la structure.

**Les produits d'entretien sont des produits chimiques.
Des précautions de stockage et d'utilisation sont nécessaires.**

- Le conditionnement d'origine du produit doit être conservé (transvasement interdit) ;
- Le stockage doit se faire dans un placard ou local fermé (étiquetage et fermeture des flacons) ;
- Le mode d'emploi doit être respecté ;
- La dilution du produit doit être correctement appliquée ; il est inutile de trop concentrer le produit (plus de toxicité sans efficacité supplémentaire), mettre l'eau avant ;
- L'utilisation du produit doit se faire dans une pièce ventilée ; il ne doit pas être respiré ;
- Respect du dosage et de la durée d'action du produit sur la surface à traiter ;
- Respect de la température de l'eau ;
- Respect des conditions de conservation et vérification des dates de péremption ;
- Ne pas mélanger les produits.

À **domicile**, le salarié doit tenir compte des habitudes et des souhaits de la personne pour appliquer les techniques d'entretien. Les produits et le matériel appartiennent à l'usager. Dans une perspective de durabilité, l'aide à domicile peut suggérer à la personne l'utilisation de produits naturels pouvant servir à l'entretien du logement tels que :

### Vinaigre d'alcool blanc

Excellent détartrant pour les toilettes, les éviers et la robinetterie ; très efficace aussi pour nettoyer les miroirs et les vitres. Il peut s'utiliser comme un désinfectant. Quelques gouttes ajoutées à un détergent classique augmenteront son efficacité. N'oublier jamais de rincer car il peut attaquer les toilettes, par exemple. Laisser agir 20 minutes et rincer. Dans l'eau de rinçage, il donne du brillant aux verres en cristal, il rince et adoucit les lainages, il rafraîchit et ravive les couleurs.

### Bicarbonate de soude

On l'utilise pur en poudre ou dilué, et il est très efficace pour polir les chromes, déboucher une tuyauterie, nettoyer un réfrigérateur ou éliminer la graisse brûlée qui entoure les plaques de cuisson. Cette poudre peut servir de désodorisant et même de fongicide (détruit les champignons).

### Savon noir

C'est un dégraissant efficace pour récurer les hottes et les fours par exemple, mais il permet aussi d'enlever des taches de goudron ou de peinture à l'huile.

### Huiles essentielles

Diluées avec de l'eau dans un vaporisateur (1 litre d'eau pour 3 à 5 gouttes d'huile), elles constituent un désodorisant très efficace, 100 % naturel, et offrent en plus un grand choix de parfums. Elles doivent toujours être utilisées diluées et en petites quantités.

# Les enjeux du développement durable et du nettoyage professionnel à domicile et en structure

À remplir en lien avec votre lieu de stage ou enquête d'un lieu d'accueil de votre choix.
Fiche à mettre en commun avec vos camarades afin de pouvoir constituer un recueil de fiches enjeux.

➠ Nom et environnement géographique de la structure :

..................................................................................................................................

➠ Type de structure :

..................................................................................................................................

➠ Public accueilli :

..................................................................................................................................

➠ Locaux et équipement :

..................................................................................................................................

..................................................................................................................................

➠ Quelles sont les consignes données aux salariés et aux résidents concernant le développement durable ?

..................................................................................................................................

..................................................................................................................................

..................................................................................................................................

..................................................................................................................................

➠ Comment s'organise le tri sélectif dans cette structure (apporter des photos des points de collecte et des outils mis en place pour gérer les déchets) ?

..................................................................................................................................

..................................................................................................................................

..................................................................................................................................

..................................................................................................................................

➠ Quels sont les partenaires avec qui le personnel de la structure travaille et leurs rôles respectifs dans le cadre du développement durable ?

..................................................................................................................................

..................................................................................................................................

..................................................................................................................................

..................................................................................................................................

➠ Pour l'entretien des locaux, quels sont les protocoles mis en application (apporter des documents) ?

..........

➠ Quels sont les membres du personnel chargés de l'entretien et leur qualification ?

..........

➠ Décrire le matériel et les produits d'entretien utilisés par la structure (apporter des photos).

..........

➠ Pour le stockage des produits d'entretien, quelles sont les recommandations ?

..........

# 5 L'entretien du matériel lié à l'alimentation

| Tâches à effectuer | En restauration collective | À domicile |
| --- | --- | --- |
| **Entretien manuel de la vaisselle**<br> | La plonge doit être équipée au minimum de deux bacs : l'un pour le lavage, l'autre pour le rinçage.<br><br><u>Les différentes étapes</u> :<br><br>– Débarrasser la vaisselle (racler, vider, trier) ;<br>– Laver dans un bac rempli d'eau à 45 °C additionnée d'une dose suffisante de détergent ;<br>– Rincer à l'eau claire courante et chaude ;<br>– Égoutter verticalement ;<br>– Sécher sans essuyer (si indispensable utiliser un essuie-tout jetable et adapté) ;<br>– Ranger à l'abri de tout risque de contamination. | Dans le cas où la personne a un seul bac :<br>– Nettoyer et désinfecter le bac ;<br>– Remplir le bac d'eau ;<br>– Éliminer les déchets alimentaires de la vaisselle ;<br>– Entreposer la vaisselle sur le plan de travail ;<br>– Organiser la vaisselle par degré de salissure pour pouvoir nettoyer du plus propre au plus sale ;<br>– Respecter le dosage du produit vaisselle ;<br>– Commencer par les verres, assiettes, couverts et terminer par les plats, changer l'eau en cas de besoin ;<br>– Déposer la vaisselle sur la tablette ;<br>– Vider le bac d'eau savonneuse et rincer ;<br>– Remplir le bac d'eau propre ;<br>– Rincer la vaisselle ;<br>– Nettoyer et désinfecter le bac ;<br>– Laisser sécher à l'air libre ou essuyer avec un chiffon propre ;<br>– Ranger selon l'organisation établie par la personne aidée. |
| **Entretien mécanisé de la vaisselle**<br> | – Débarrasser la vaisselle (racler, vider, trier) ;<br>– Mettre en panier sans surcharge ;<br>– Vérifier le fonctionnement de la machine ;<br>– Enclencher la machine, le mode prélavage est parfois nécessaire ;<br>– Suivre les protocoles pour procéder au nettoyage en machine ;<br>– Ranger la vaisselle<br>– Nettoyer et désinfecter les paniers ;<br>– Aérer la machine. | – Éliminer manuellement les déchets alimentaires de la vaisselle ;<br>– Faire tremper la vaisselle **si besoin** ;<br>– Répartir chaque type de vaisselle dans les différents casiers et paniers ;<br>– Vérifier qu'aucun obstacle ne gêne la rotation du bras de lavage ;<br>– Respecter le mode d'emploi du produit et le doser en fonction de la dureté de l'eau et de la quantité de vaisselle ;<br>– Choisir le programme en fonction du type et de la nature de la vaisselle, du degré de salissure ;<br>– Respecter l'ordre de rangement ;<br>– Entretenir le lave-vaisselle (vider et rincer le filtre après chaque vaisselle, essuyer quotidiennement la contre-porte, nettoyer le joint, éviter d'ouvrir la machine en cours de programme). |

| Tâches à effectuer | En restauration collective | À domicile |
|---|---|---|
| **Lavage des matériels de cuisson**  | Utiliser des produits décapants spécialisés qui éliminent les dépôts tenaces rapidement et sans frotter. | Les liquides mis à chauffer au **four à micro-ondes** peuvent atteindre une température élevée, source d'accidents graves (brûlures) qu'il faut à tout prix éviter. La cavité de l'appareil doit être nettoyée après chaque utilisation avec une éponge humide.<br><br>Pour nettoyer les **plaques de cuisson**, attendre leur refroidissement et les frotter avec du papier essuie-tout pour enlever les résidus. Gratter la fonte avec une éponge métallique. Nettoyer et rincer.<br><br>Pour nettoyer le **four**, certains appareils ont la fonction pyrolyse. Pour les autres, attendre que le four soit tiède puis nettoyer avec une solution détergente et rincer. |
| **Entretien de la chambre froide ou du réfrigérateur** 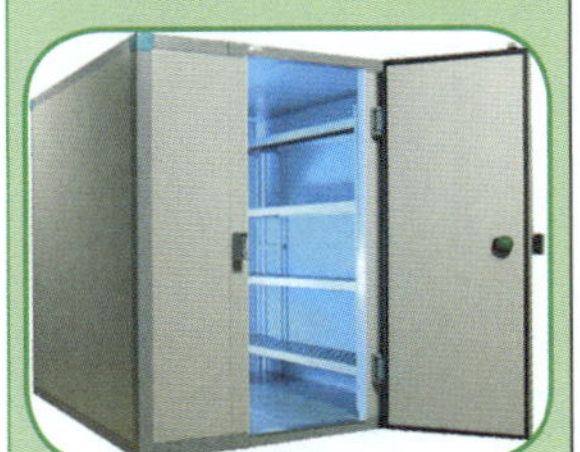 | Les souillures diverses (résidus alimentaires) doivent être éliminées le plus souvent possible et au minimum une fois par jour. Le nettoyage intérieur doit être réalisé chaque fois que nécessaire et selon un protocole bien défini. Il est conseillé de faire vérifier le système de réfrigération par un spécialiste chaque année. | – Débrancher le réfrigérateur (le nettoyer tous les mois et le dégivrer tous les 6 mois).<br><br>– Sortir tous les aliments du réfrigérateur et les entreposer dans des sacs isothermes (choisir de préférence un moment où il y a peu de denrées alimentaires, juste avant de faire le plein des courses par exemple).<br><br>– Nettoyer l'intérieur du réfrigérateur avec une solution détergente puis avec de l'eau de Javel diluée ou de l'eau vinaigrée ou autre produit désinfectant, puis rincer.<br><br>Le dégivrage peut être soit automatique soit manuel (déposer à l'intérieur une bassine d'eau chaude pour récupérer la glace fondue). Laisser la porte ouverte et poser une serpillère au sol pour éviter les inondations. Rincer et essuyer. |

## Une technique à maîtriser : le nettoyage et la stérilisation des biberons et tétines

Avant de commencer, il faut se laver soigneusement les mains.

### Première étape

Le nettoyage du biberon s'effectue dès que l'enfant a fini de le boire afin d'éviter aux résidus de lait de sécher.

- démonter complètement le biberon (le contenant, la bague, la tétine, le capuchon...) ;
- utiliser du liquide vaisselle et de l'eau chaude ;
- nettoyer le capuchon et la bague ;
- brosser à l'aide d'un petit goupillon l'intérieur de la tétine et d'un grand goupillon l'intérieur du biberon ;
- bien rincer le tout ;
- faire sécher tous les éléments à l'air libre sur un support propre et désinfecté.

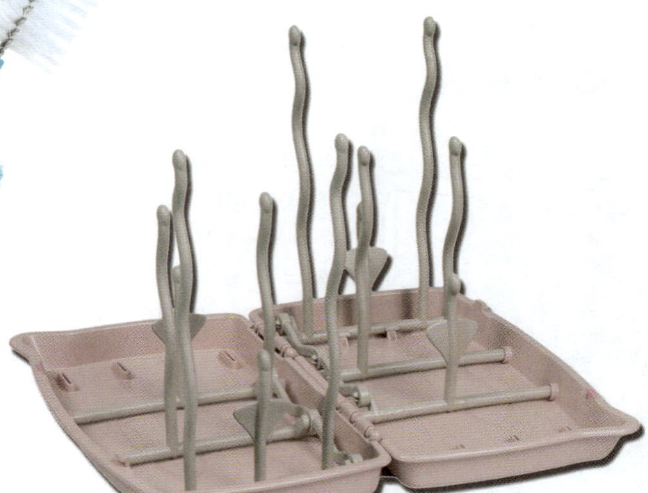

## Deuxième étape

La stérilisation du biberon permet de détruire les micro-organismes. Elle doit être pratiquée pour les enfants de moins 5 mois.

**Stériliser juste après le lavage.**

➠ Plusieurs méthodes sont possibles :

### • La stérilisation à chaud

Il existe :

– **La stérilisation à vapeur au micro-ondes** : appareil qui va au four à micro-ondes. Il suffit de mettre un peu d'eau à l'intérieur puis de refermer avec un couvercle (la puissance et le temps de la stérilisation sont indiqués sur l'appareil).

– **La stérilisation à vapeur électrique** : la stérilisation se fait aussi grâce à la vapeur d'eau mais l'appareil est plus encombrant que celui allant au four à micro-ondes.

– **La stérilisation à l'eau bouillante** où il faut utiliser une cocotte-minute ou une grande casserole, la remplir d'eau aux trois quarts et la faire bouillir pendant au moins un quart d'heure. Plonger dedans biberons, bagues, capuchons (15 minutes) tétines et sucettes (5 minutes – au-delà, elles risquent de se déformer). Puis, les extraire de l'eau à l'aide d'une pince.

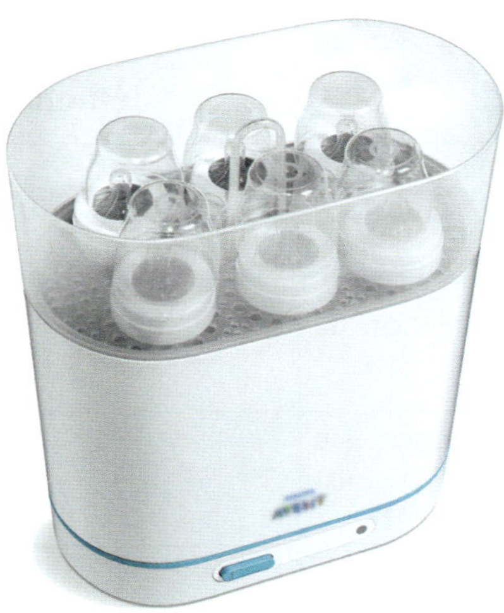

*Un stérilisateur électrique*

### • La stérilisation à froid

– Placer dans un bac propre rempli d'eau froide les biberons, bagues, capuchons, tétines, sucettes...) ;

– Introduire dans l'eau un comprimé chimique (pastille) prévu pour la stérilisation du matériel de puériculture en suivant les indications de la notice d'utilisation ;

– Veiller à ce que les biberons soient complètement remplis d'eau ;

– Ne pas oublier de les rincer avant utilisation.

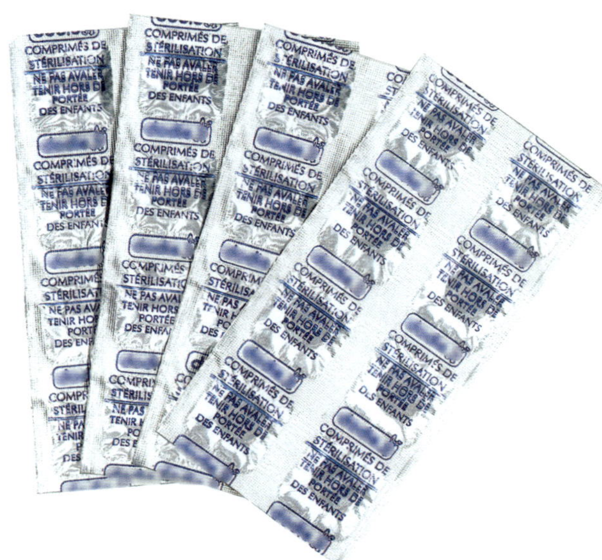


*Des pastilles de stérilisation*

# 5 L'entretien du matériel lié à l'alimentation

## Exercices ludiques

1. Replacer sur le schéma le numéro de l'étiquette correspondant aux différents éléments composant le lave-vaisselle.

N° 1 : bras d'aspersion de solution détergente

N° 2 : réservoir et distributeur du produit de rinçage

N° 3 : sonde de température

N° 4 : distributeur du produit de lavage

N° 5 : réservoir de sel régénérant

N° 6 : paniers pour recevoir les articles à laver

N° 7 : bouchon du réservoir de sel régénérant

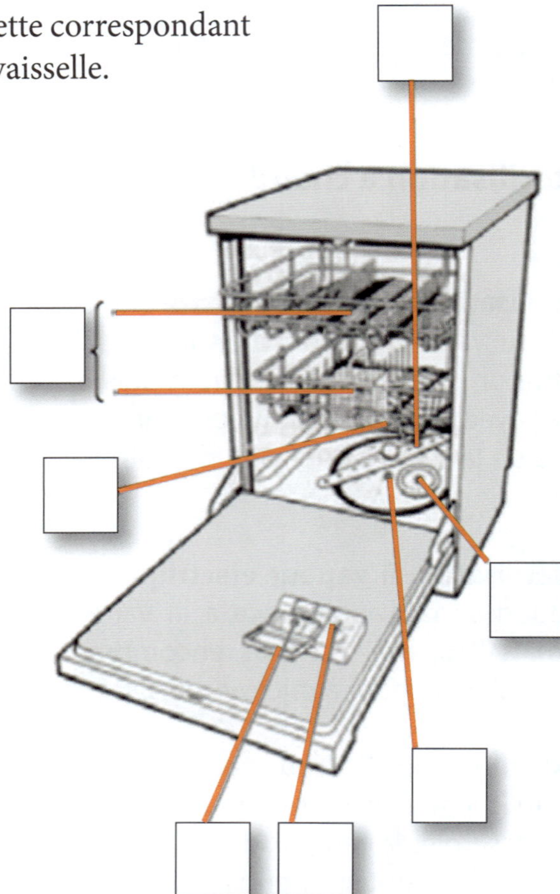

2. Repérer pour chacun des avantages et inconvénients indiqués ci-dessous, la méthode de stérilisation à laquelle cela correspond : stérilisation à vapeur électrique, stérilisation à l'eau bouillante, stérilisation à vapeur micro-ondes, stérilisation à froid.

| Inconvénients | Méthode | Avantages | Méthode |
|---|---|---|---|
| Assez cher. | | Méthode facile qui ne demande aucun investissement. | |
| Attendre que l'eau soit un peu refroidie pour sortir les biberons afin d'éviter les brûlures. | | La rapidité et la simplicité du procédé. | |
| Ne pas mélanger les biberons en verre et ceux en plastique. | | Pratique à transporter, peu onéreux et passe au lave-vaisselle. | |
| Odeur de chlore. | | Contient souvent plus de biberons et peut se brancher sur l'allume-cigare. | |

Fiche Application

# Travail de recherche

Travail de recherche individuel à faire sur un lieu de restauration de votre choix et à mettre en commun avec le reste de vos camarades

Chercher des protocoles sur l'hygiène du matériel lié à l'alimentation en restauration collective et recopier l'un d'entre eux.

Type d'entretien et de matériel concernés :

Mode opératoire du protocole à respecter :

## Travail de recherche à l'aide d'Internet à faire en groupe

Rechercher et recopier des notices d'utilisation concernant les méthodes de stérilisation suivantes :

| Stérilisation à vapeur micro-ondes | Stérilisateur à vapeur électrique | Stérilisation à froid (utilisation des pastilles) |
|---|---|---|
| | | |

# 6 L'entretien des locaux

## Respecter les consignes

| Critères | Consignes |
|---|---|
| **Propreté, hygiène, sécurité, respect de la nature** | – Se laver les mains.<br>– Utiliser des gants si besoin.<br>– Avoir une tenue appropriée (blouse, cheveux attachés, pas de bijoux, chaussures antidérapantes).<br>– Respecter les règles d'hygiène (marche en avant, de haut en bas, du plus propre au plus sale, du fond vers l'avant, toujours nettoyer avant de désinfecter).<br>– Ne pas mélanger les produits d'entretien.<br>– Ouvrir les produits avec précaution et éviter de les respirer directement.<br>– Ne pas surdoser les produits.<br>– Vérifier les dates de péremption.<br>– Ne pas gaspiller l'eau. |
| **Organisation** | – Préparer le matériel et les produits.<br>– Lire et suivre le mode d'emploi des produits d'entretien.<br>– Aérer la pièce. |
| **Ergonomie** | – Maintenir le dos droit.<br>– Plier les jambes pour se baisser. |
| **Technique** | – Être minutieux et appliqué dans les gestes techniques.<br>– Adopter une méthodologie du travail réfléchie. |
| **Rangement** | – Ranger les produits et le matériel.<br>– Stocker les produits ménagers dans de bonnes conditions.<br>– Tenir les produits hors de portée des enfants, des personnes fragiles.<br>– Entretenir le matériel. |
| **Résultat** | – Laisser la pièce propre.<br>– Faire preuve d'efficacité. |

## Caractériser les produits de nettoyage

Le produit doit être choisi en fonction de la nature de la salissure et du support à nettoyer.

| Fonction | Catégorie de produits | Produits | Mode d'action | Nature des salissures | Nature du support à traiter | Précautions à prendre |
|---|---|---|---|---|---|---|
| Décoller ou diluer les salissures mais pas nettoyer | Abrasif | Papier de verre, paille de fer, poudre et crème à récurer | Action mécanique : gratte et use la salissure et agit par frottement | Salissures adhérentes (colle, chewing-gum...) | Divers | L'adapter au support qui peut se rayer |
| | Détartrant | Détartrants (Cif, Ajax en poudre) | Action chimique : dissout les dépôts calcaires | Tartre formé par le calcaire | WC, robinetterie de salle de bain | Produit corrosif, ne jamais utiliser associé à de l'eau de Javel car provoque des dégagements de chlore |
| | Solvant | Eau | Dissolution | Salissures solubles | Sol, table... | Aucune |
| | | White spirit, alcool | Dissolution des graisses | Salissures grasses ou film protecteur | Divers | Éviter de respirer les vapeurs nocives que dégagent ces solvants |
| | Agglutinant | Lingettes imprégnées ou aérosols | Réunit les particules et les enrobe d'une mince couche adhésive évitant leur dispersion | Salissures non adhérentes (poussières, cheveux...) | Divers | Aucune |
| Nettoyer et dégraisser | Détergent | Poudre, liquide et gel pour vaisselle, linge, équipement, sol et parois | Enlève les salissures et les mets en suspension : pouvoirs mouillant, dégraissant, moussant, émulsionnant et antiredéposition | Salissures grasses (cosmétique, taches d'huile...) | Tissus, vaisselle, sols, objets | Choisir un détergent efficace et non toxique pour l'environnement, non agressif, facile à diluer, facile à rincer, peu sensible à la dureté de l'eau |
| Désinfecter | Désinfectant | Eau de Javel concentrée ou en flacon ou autres produits désinfectants | Capacité à réduire fortement la population bactérienne (bactéricide, fongicide, virucide) Assainit, purifie, stérilise et désodorise divers supports matériels | Salissures d'origine bactériologique (bactéries, champignons microscopiques et certains virus) | Carrelages muraux et de sol, revêtements plastiques, sanitaires, canalisations, poubelles, plan de travail, équipements ménagers | On trouve de plus en plus de produits à la fois détergents et désinfectants qui nettoient et désinfectent en une seule opération |

## Mettre en œuvre les techniques d'entretien

Dans l'opération de nettoyage, le résultat est influencé par quatre facteurs représentés par le **cercle de Sinner** :

- Action chimique,
- Température de l'eau,
- Temps d'action,
- Action mécanique.

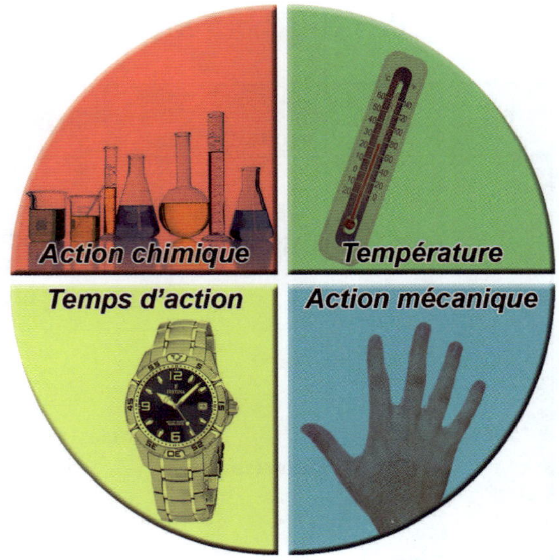


### FICHE TECHNIQUE D'ENTRETIEN D'UN LOGEMENT

<table>
<tr><th>Définition</th><th>Fréquences et applications</th></tr>
<tr><td>Entretenir, nettoyer et désinfecter toutes les pièces d'un logement afin de contribuer au bien-être de la personne.</td><td>Entretien journalier (sanitaires, WC, sols, lit) et périodique (vitres, murs et mobilier).</td></tr>
<tr><th colspan="2">Intérêts et contraintes</th></tr>
<tr><td colspan="2">Intérets : – Élimination des salissures et réduction de micro-organismes.<br>Contraintes : – À domicile, il faut s'adapter aux habitudes de la personne aidée concernant l'entretien de son logement et l'effectuer avec le matériel et les produits mis à disposition.<br>– En structure, il faut suivre les protocoles d'hygiène et de sécurité ordonnés par le chef d'établissement.</td></tr>
<tr><th>Matériel nécessaire</th><th>Produits</th></tr>
<tr><td>– À domicile, utiliser le matériel présent chez la personne aidée : gants à usage unique, chiffons, aspirateur à poussière, balai-brosse, serpillière, lavettes de couleurs différentes<br>– En structure, balai trapèze + gazes jetables, matériel Faubert, gants à usage unique, lavettes de couleurs différentes.</td><td>– À domicile, utiliser les produits présents chez la personne aidée : eau, détergent, désinfectant, détartrant, produits pour la poussière et pour les vitres.<br>– En structure, utiliser les produits mis à disposition du personnel, entreposés dans un local prévu à cet effet.</td></tr>
</table>

## Mode opératoire

– Se laver les mains, aérer le logement, faire les vitres.
– Dépoussiérer le mobilier du haut vers le bas avec la lavette n° 1 (*ne pas oublier les interrupteurs et les poignées de porte*).
– Refaire le lit (*enlever les draps et les mettre à l'extérieur de la pièce dans un sac prévu à cet effet, le linge sera acheminé vers la lingerie afin d'être nettoyé* ***dans le cas d'une structure***).
– Vider, nettoyer et désinfecter les poubelles.
– Se laver les mains et mettre des gants à usage unique.
– Nettoyer et désinfecter la douche, le lavabo et les accessoires avec la lavette n° 2.
– Laver et désinfecter la cuvette des toilettes avec la lavette n° 3.
– Jeter les gants et se laver les mains.
– Aspirer du fond vers l'avant les pièces les plus « propres » (chambres) en se dirigeant vers les pièces les plus « sales » (WC) **à domicile** OU procéder au **balayage humide** **en structure**.

Le **balayage humide** est l'action de balayer, dans le but de collecter les poussières en limitant leur mise en suspension dans l'air grâce à l'élimination des salissures non adhérentes par agglutination. Évite la dispersion des poussières. Procédé de loin plus efficace que le balayage à sec.

***Technique*** :
• Se positionner près de la porte et placer la gaze pré-imprégnée sur la semelle du balai trapèze ;
• Mettre le balai au centre de la gaze, replier la gaze sur le front du balai, la « clipser » sur la partie avant du balai ;
• Procéder au détourage de la pièce sans lever la semelle en utilisant la technique « au poussé » (déplacement du balai en le poussant devant soi) ;
• Se positionner dans un coin opposé à la porte ;
• Procéder au balayage à la godille (déplacer le balai en le tirant devant soi, en reculant et en dessinant des S) ;
• Ramasser les salissures à l'aide de la gaze (utiliser une pelle et une balayette si besoin) et mettre le tout à la poubelle.

– Laver et désinfecter (à l'aide du matériel Faubert en structure) du fond vers l'avant les pièces les plus « propres » (chambres) en se dirigeant vers les pièces les plus « sales » (WC).
– Se laver les mains.

## Critères de qualité

Suppression visuelle des salissures adhérentes et non adhérentes.

## Non-conformité possible

Persistance de poussières et/ou salissures visibles.

## Causes de non-conformité

Matériel ou produits peu efficaces ou techniques non correctement réalisées.

## Actions correctives

Renouveler le stock de matériel et de produits.

## Sécurité et manutention

Faire attention au fil d'alimentation de l'aspirateur, garder le dos droit, plier les jambes pour se baisser, prévenir la personne que le sol est glissant.

## Entretien du matériel

Changer le filtre de l'aspirateur, nettoyer et désinfecter la serpillière ou jeter la gaze usagée et nettoyer et désinfecter le matériel Faubert.

# 6 L'entretien des locaux

## Exercices ludiques

➠ Nommer le matériel ci-dessous à l'aide des propositions suivantes :

- Balai Faubert
- Raclette
- Chariot de ménage
- Aspirateur
- Balai trapèze
- Gaze pré-imprégnée
- Balai à franges
- Balai-brosse
- Lavettes
- Balai rasant

..........................................................

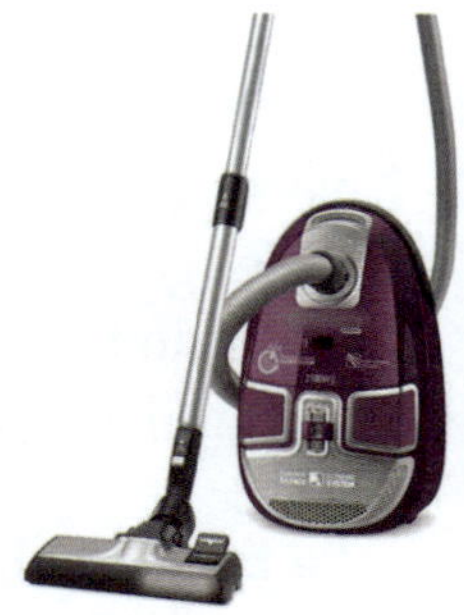

..........................................................

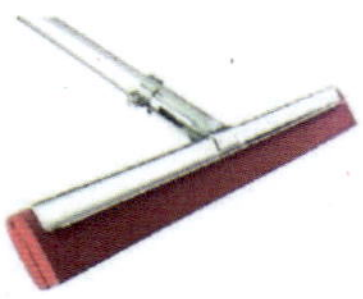

..........................................................

..........................................................

..........................................................

..........................................................

..........................................................

..........................................................

..........................................................

..........................................................

## Travail de recherche

Travail de recherche individuel à faire à la maison et à mettre en commun avec le reste de vos camarades.

Photographier l'étiquette d'un emballage du produit d'entretien de votre choix et la coller ici, commenter les informations présentes.

Fiche Application

## Travail d'implication

Travail individuel à faire en stage et à mettre en commun avec le reste de vos camarades

Remplir la fiche ci-dessous sur l'**entretien des locaux** :

- Objectif :
- Durée :
- Lieu :
- Matériel et produits :
- Ce qui se passe **avant** (se préparer, préparer le matériel et les produits...) :
- Ce qui se passe **pendant** (étapes par ordre chronologique, moyens utilisés, modes opératoires, techniques professionnelles utilisées) :
- Préciser les règles d'hygiène, de sécurité, de manutention, le respect de l'environnement et l'organisation dont vous avez fait preuve :
- Ce qui se passe **après** (rangement, entretien) :

# 7 L'entretien du linge

## Mettre en œuvre le cycle du linge

➠ **À domicile**, le cycle du linge est le suivant qu'il soit lavé à la main ou en machine.

| | | |
|---|---|---|
| 1 | **TRI** | Par couleur afin d'éviter les transferts et par température de lavage (prendre en compte les informations inscrites sur l'étiquette du textile). |
| 2 | **PRÉPARATION** | Du linge à laver (vider les poches, vérifier les manches, mettre les jeans et les vêtements de couleur vive sur l'envers, fermer les fermetures à glissière). |
| 3 | **DÉTACHAGE** | Si besoin, appliquer un produit détachant juste avant. |
| 4 | **TREMPAGE (à la main) ou PRÉLAVAGE (en machine)** | Si le textile est très sale. |
| 5 | **CHARGEMENT EN MACHINE À LAVER** | Ne pas trop charger la machine. |
| 6 | **DOSAGE DU PRODUIT** | La quantité de lessive à utiliser dépend de la dureté de l'eau, du degré de salissure du linge et de la quantité de linge à laver ; suivre les indications données par le fabricant ; possibilité d'utiliser un adoucissant de préférence hypoallergénique. |
| 7 | **LAVAGE** | Choisir le programme en fonction du textile ; choisir le programme de lavage et d'essorage adapté au textile le plus fragile ; opter pour la température de lavage la plus basse. |
| 8 | **RINÇAGE** | |
| 9 | **ESSORAGE** | |
| 10 | **SÉCHAGE** | Peut se faire à l'air libre sur un étendoir ou en sèche-linge ; suivre les indications données par l'étiquette du textile. |
| 11 | **REPASSAGE** | Utilisation de matériel plus ou moins professionnel selon les besoins ; suivre les indications données par l'étiquette du textile. |
| 12 | **RANGEMENT** | Respecter l'organisation de la personne aidée. |

## En structure collective

L'entretien du linge est effectué au sein de la blanchisserie ou sous-traité à un prestataire extérieur :

| | | |
|---|---|---|
| 1 | COLLECTE ET PRÉ-TRI DU LINGE | Le linge doit être étiqueté. |
| 2 | CONDITIONNEMENT DU LINGE | Dans des sacs de différentes couleurs. |
| 3 | ÉVACUATION ET STOCKAGE DU LINGE SALE | Le linge contaminé sera mis dans des sacs hydro-solubles. |
| 4 | RAMASSAGE ET TRANSPORT DU LINGE SALE | Si sous-traitance. |
| 5 | RÉCEPTION AU SEIN DE LA BLANCHISSERIE ET TRI | |
| 6 | PRÉPARATION DES LOTS À LAVER | |
| 7 | LAVAGE | |
| 8 | FINITION DU LINGE PROPRE | Séchage et repassage avec du matériel profession-nel. |
| 9 | EMBALLAGE ET CONDITIONNEMENT | Selon l'organisation de la structure. |
| 10 | PRÉPARATION DE L'EXPÉDITION DU LINGE | Si sous-traitance. |
| 11 | TRANSPORT ET LIVRAISON DU LINGE PROPRE | Si sous-traitance. |
| 12 | RÉCEPTION ET RANGEMENT DU LINGE PROPRE | |

# Savoir lire et décrypter une étiquette

## Signification des symboles des étiquettes de lavage

- Le vêtement ne peut être nettoyé qu'à sec et ne doit pas être lavé
- Lavage à la main
- Lavage à 30 °C maximum, programme normal
- Lavage à 40 °C maximum, programme normal
- Lavage à 60 °C maximum, programme normal
- Lavage à 95 °C maximum, programme normal
- Lavage à 30 °C maximum, programme pour linge délicat ou facile d'entretien
- Lavage à 40 °C maximum, programme pour linge délicat ou facile d'entretien
- Lavage à 60 °C maximum, programme pour linge délicat ou facile d'entretien
- Lavage à 30 °C maximum, programme spécial pour linge délicat ou facile d'entretien
- Lavage à 40 °C maximum, programme spécial pour linge délicat ou facile d'entretien

## Repassage et séchage

- Ne pas repasser
- Ne pas repasser à très haute température (c'est-à-dire 110 °C maximum) et repasser de préférence sans vapeur
- Repasser à température moyenne (c'est-à-dire 150 °C maximum)
- Repasser à température élevée (c'est-à-dire 200 °C maximum)
- Ne pas sécher au sèche-linge
- Choisir le programme normal du sèche-linge
- Choisir le programme délicat du sèche-linge

## Nettoyage à sec / Blanchiment

- Ne pas nettoyer à sec.
- Nettoyer à sec uniquement.
- Le vêtement peut être lavé avec du perchloroéthylène, des hydrocarbures et des solutions R 113 et R11.
- Le vêtement peut être lavé avec une solution R 113 et des hydrocarbures.
- Ne pas utiliser d'eau de Javel pour traiter ce vêtement. Il devra être lavé uniquement avec des produits prévus pour le linge de couleur ou le linge délicat.
- Le vêtement peut être traité par des méthodes de lavage humide.
- Le vêtement peut être lavé avec du perchloroéthylène, des hydrocarbures et des solutions R 113 et R11 avec des restrictions quant à la température et à l'ajout d'humidité.
- Le vêtement peut être lavé avec des solutions R 113 et R11 avec des restrictions quant à la température et à l'ajout d'humidité.
- Le vêtement peut être traité par des méthodes de lavage humide, en réduisant les contraintes mécaniques s'y appliquant.

## Classification des différents textiles

- **Origine**
  - **Naturelle**
    - **Animale** : laine, soie...
    - **Végétale** : coton, lin...
  - **Chimique**
    - **Artificielle** : viscose, acétate de cellulose...
    - **Synthétique** : polyester, élasthanne, nylon (polyamide)

*Quelques utilisations de différents textiles*

# 7 L'entretien du linge

## Exercices ludiques

Légender le lave-linge ci-dessous à l'aide des termes suivants :

1 – cuve

2 – bac de réception des produits

3 – bouton marche/arrêt

4 – bouton de programmation du cycle

5 – écran d'affichage numérique

## Travail de recherche

Travail de recherche individuel à faire à la maison et à mettre en commun avec le reste de vos camarades.

Photographier l'étiquette d'un vêtement de votre choix et la coller ici.
Commenter les informations présentes.

## Travail d'implication

Travail individuel à faire en stage ou à la maison et à mettre en commun avec le reste de vos camarades

Remplir la fiche ci-dessous sur l'**entretien du linge** :

- Objectif : ........................................................................................................
........................................................................................................
- Durée : ........................................................................................................
- Lieu : ........................................................................................................
- Matériel et produits : ........................................................................................................
........................................................................................................

- Ce qui se passe **avant** (se préparer, préparer le matériel et les produits...) : ..............................
........................................................................................................
........................................................................................................
........................................................................................................
........................................................................................................

- Ce qui se passe **pendant** (étapes par ordre chronologique) : ..............................
........................................................................................................
........................................................................................................
........................................................................................................
........................................................................................................
........................................................................................................
........................................................................................................

- Préciser les règles d'hygiène, de sécurité, de manutention, le respect de l'environnement et l'organisation dont vous avez fait preuve : ..............................
........................................................................................................
........................................................................................................
........................................................................................................
........................................................................................................
........................................................................................................

- Ce qui se passe **après** : ........................................................................................................
........................................................................................................
........................................................................................................

# 8 La couture simple et le repassage

## Réparer le linge

Des petits travaux de couture sont parfois nécessaires que ce soit à la main ou à l'aide d'une machine à coudre. Deux techniques peuvent s'avérer utiles :
– Savoir coudre un bouton,
– Savoir faire un ourlet.

Il est aussi important de savoir se servir d'une machine à coudre. Dans tous les travaux de couture, la démarche est la suivante :
– Observer le vêtement et repérer le travail de couture à effectuer ;
– Bien choisir le fil, préparer le matériel ;
– Préparer le travail de couture ;
– Bien choisir le point de couture que l'on va utiliser et soigner la réalisation.

Les règles d'hygiène seront respectées. Un bon résultat implique la solidité et l'esthétique de la couture.

## Savoir coudre un bouton

### • Prenons le cas d'un bouton à 4 trous

| | |
|---|---|
| **Étape n° 1** | Repérer l'endroit où se placera la boutonnière une fois le vêtement fermé et placer le bouton à cet endroit. |
| **Étape n° 2** | Préparer une aiguille et enfiler le fil (le fil peut être doublé) et faire un nœud à l'extrémité. |
| **Étape n° 3** | Pousser l'aiguille par en-dessous en passant par un des trous du bouton. Tirer le fil. |
| **Étape n° 4** | Piquer l'aiguille dans un autre trou et ressortir de l'autre côté du tissu. |
| **Étape n° 5** | Insérer un cure-dents entre le fil et le bouton dans le cas où le tissu est épais pour éviter que le bouton ne soit sous tension une fois le vêtement fermé. |
| **Étape n° 6** | Ressortir l'aiguille par un trou, repiquer dans un autre et faire de même une dizaine de fois en utilisant une des deux méthodes :<br>– soit coudre des points parallèles en repiquant l'aiguille dans le trou d'à côté.<br>– soit coudre en X en repiquant l'aiguille dans le trou en diagonale. |
| **Étape n° 7** | Enlever le cure-dents. Ressortir l'aiguille juste sous le bouton. Tirer le fil entre le tissu et le bouton, tirer légèrement le bouton. Enrouler le fil 5 ou 6 fois autour de la « tige » pour la renforcer. |
| **Étape n° 8** | Faire un nœud, en prenant un tout petit point et en repiquant l'aiguille dans celui-ci. |

# Savoir faire un ourlet

## • Prenons le cas d'un ourlet de pantalon

| | |
|---|---|
| **Étape n° 1** | Plier le bas du pantalon vers l'intérieur à la longueur souhaitée.<br>Placer quelques épingles pour maintenir le repli. Il est possible de marquer le pli à l'aide d'un fer à repasser. |
| **Étape n° 2** | Mettre le pantalon sur l'envers. |
| **Étape n° 3** | Mettre un repère sur le pli avec une aiguille par exemple et déplier le bas du pantalon. |
| **Étape n° 4** | Laisser 2 cm de marge après le repère et couper le surplus de tissu. |
| **Étape n° 5** | Faire un premier repli de 1 cm sur l'envers. |
| **Étape n° 6** | Faire un second repli de 1 cm également sur l'envers. |
| **Étape n° 7** | Faire un essayage pour s'assurer de la bonne longueur. Rectifier éventuellement. |
| **Étape n° 8** | Refaire les mêmes opérations sur l'autre jambe. |
| **Étape n° 9** | Faire une couture simple à 1 mm du bord, à la main ou à la machine. |

## Repasser le linge et le ranger

### • Techniques de repassage quel que soit le textile à repasser

| | |
|---|---|
| **Étape 1** | Se laver les mains et sortir le matériel nécessaire (table à repasser, fer) |
| **Étape 2** | Déplier la table à repasser et la régler à bonne hauteur |
| **Étape 3** | Mettre de l'eau dans le réservoir du fer |
| **Étape 4** | Brancher le fer |
| **Étape 5** | Programmer la température du fer en fonction des indications inscrites sur l'étiquette du textile |
| **Étape 6** | Attendre que le voyant s'éteigne, ce qui indique que le fer a atteint la température demandée |
| **Étape 7** | Repasser en maintenant le tissu de la main gauche pour les droitiers et inversement pour les gauchers |
| **Étape 8** | Éviter de faire des plis |
| **Étape 9** | Commencer par l'envers du vêtement |
| **Étape 10** | Aller du haut vers le bas et de droite à gauche ou de gauche à droite pour les gauchers |
| **Étape 11** | Éteindre le fer (mettre sur « 0 ») et le débrancher |
| **Étape 12** | Vider l'eau du réservoir afin d'éviter le dépot de calcaire |
| **Étape 13** | Ranger la table à repasser et le fer une fois celui-ci refroidi |

**Une fois repassé, le linge doit être plié ou mis sur cintre et rangé à l'endroit prévu à cet effet.**

*Centrale vapeur*

Fiche Pédagogique

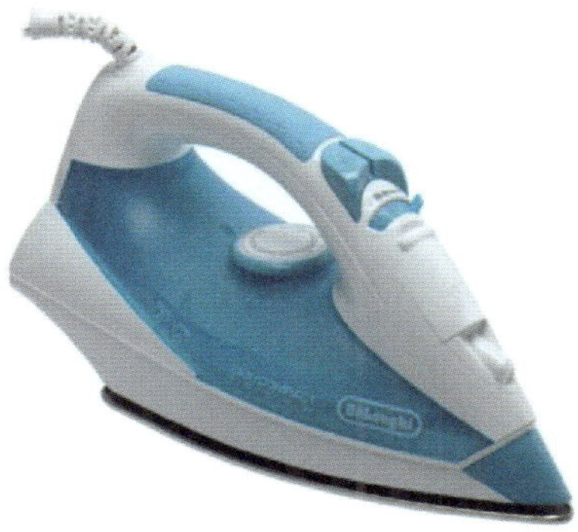

*Fer à repasser*

*Table à repasser*

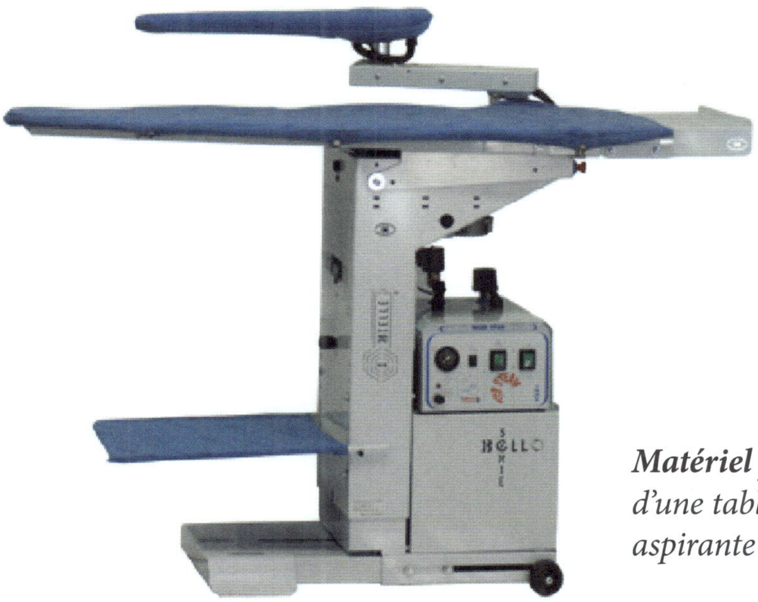

***Matériel professionnel*** *: exemple d'une table à repasser repliable, chauffante, aspirante et soufflante.*

# 8 La couture simple et le repassage

## Exercices ludiques

1 Légender la machine à coudre ci-dessous à l'aide des termes suivants :

1 – pied de biche
2 – bouton marche arrière
3 – passe fil
4 – volant
5 – releveur de fil
6 – sélecteur de point et boutonnière
7 – plaque à glissière
8 – bras libre pour les ourlets
9 – bloc tension
10 – barre à aiguille
11 – porte-bobine
12 – porte-canette pour remplissage

2 Tracer le parcours du fil sur la machine à coudre avec un feutre bleu.

## Travail d'implication

*(exercice sur machine à coudre sans enfilage)*

Reproduire les lignes ci-contre puis suivre les lignes minutieusement grâce à la machine à coudre mais sans mettre de fil. L'objectif étant de rester sur la ligne et ne pas dévier sa trajectoire.

## Travail d'implication

Travail à faire à la maison ou en stage et à mettre en commun avec le reste de vos camarades

Remplir la fiche ci-dessous sur le **repassage** :

- Repassage de : (préciser quel type de vêtement vous avez repassé) : ......................................

- Objectif : ......................................

- Durée : ......................................
- Lieu : ......................................
- Matériel et produits : ......................................

- Ce qui se passe **avant** (se préparer, préparer le matériel...) : ......................................

- Ce qui se passe **pendant** (étapes par ordre chronologique) : ......................................

- Préciser les règles d'hygiène, de sécurité, de manutention, et l'organisation dont vous avez fait preuve : ......................................

- Ce qui se passe **après** : ......................................

# Récapitulons

## 2 Les enjeux du développement durable et du nettoyage professionnel à domicile et en structure



### Les enjeux du développement durable

Que l'on travaille en **structure collective** ou **à domicile**, il faut veiller à :

- Faire le tri sélectif
- Limiter le gaspillage alimentaire
- Ne pas utiliser l'énergie inutilement
- Utiliser l'eau potable à bon escient
- Ne pas surdoser les produits ménagers, certains sont toxiques et polluants pour l'environnement
- Utiliser à domicile des produits alternatifs, plus écologiques, en accord avec la personne aidée.

### Les enjeux du nettoyage professionnel

Que ce soit à domicile ou en structure collective, le nettoyage et la désinfection ont pour objectifs d'assurer l'hygiène des matériels qui entrent directement ou non en contact avec les usagers et de garder sain l'environnement. Le nettoyage consiste à éliminer toutes souillures physiques tandis que la désinfection permet d'éliminer toutes souillures microbiennes (action momentanée).

# Récap' 5 L'entretien du matériel lié à l'alimentation

Que ce soit à domicile ou en restauration collective, les tâches les plus courantes sont : l'entretien manuel de la vaisselle, l'entretien mécanisé de la vaisselle, le lavage des matériels de cuisson, l'entretien de la chambre froide ou du réfrigérateur.

### Nettoyage et stérilisation des biberons et tétines

**Première étape : le nettoyage du biberon**

- démonter complètement le biberon ;
- utiliser du liquide vaisselle et de l'eau chaude ;
- nettoyer le capuchon et la bague ;
- brosser à l'aide d'un petit goupillon l'intérieur de la tétine et d'un grand goupillon l'intérieur du biberon ;
- bien rincer le tout ;
- faire sécher tous les éléments à l'air libre sur un support propre et désinfecté ;

**Deuxième étape : la stérilisation**

Plusieurs méthodes sont possibles :
- la stérilisation à chaud,
- la stérilisation à froid.

# Récap' 6 L'entretien des locaux

## Respecter les consignes

Lors de l'entretien des locaux, il faut prendre en compte les critères ci-dessous :

Propreté – Hygiène – Sécurité – Respect de l'environnement – Organisation – Ergonomie – Technique – Rangement – Résultat

## Caractériser les produits de nettoyage

Le produit doit être choisi en fonction de la nature de la salissure et du support à nettoyer.

| Fonction | Catégorie de produits |
|---|---|
| Décolle ou dilue les salissures mais ne nettoie pas | Abrasif |
| | Détartrant |
| | Solvant |
| | Agglutinant |
| Nettoie et dégraisse | Détergent |
| Désinfecte | Désinfectant |

## Mettre en œuvre les techniques d'entretien

Dans l'opération de nettoyage, le résultat est influencé par quatre facteurs représentés par le cercle de Sinner :

**Action chimique – Température de l'eau – Temps d'action – Action mécanique**

**Règles d'hygiène quelque soit le protocole à respecter :**

- Respect de la marche en avant,
- De haut en bas,
- Du plus propre au plus sale,
- Du fond vers l'avant,
- Toujours nettoyer avant de désinfecter.

# Récap' 7 L'entretien du linge

## Mettre en œuvre le cycle du linge

1. TRI
2. PRÉPARATION
3. DÉTACHAGE
4. TREMPAGE ou PRÉLAVAGE
5. CHARGEMENT EN MACHINE À LAVER
6. DOSAGE DU PRODUIT
7. LAVAGE
8. RINÇAGE
9. ESSORAGE
10. SÉCHAGE
11. REPASSAGE
12. RANGEMENT

En **structure collective**, L'entretien du linge est effectué au sein de la blanchisserie ou sous-traité à un prestataire extérieur.

## Savoir lire et décrypter une étiquette

Les symboles concernent des indications sur le lavage, le séchage en tambour, le nettoyage à sec, le chlorage et sur le repassage.

## Classification des différents textiles

Les textiles peuvent être soit d'origine naturelle (animale ou végétale), soit d'origine chimique (artificielle ou synthétique).

# Récap' 8 La couture simple et le repassage

## Réparer le linge

**Dans tous les travaux de couture, la démarche est la suivante :**

– Observer le vêtement et repérer le travail de couture à effectuer ;

– Bien choisir le fil, préparer le matériel ;

– Préparer le travail de couture ;

– Bien choisir le point de couture que l'on va utiliser, soigner la réalisation.

Les règles d'hygiène seront respectées. Un bon résultat implique la solidité et l'esthétique de la couture. Il est aussi important de savoir se servir d'une machine à coudre.

## Repasser le linge et le ranger

**Mode opératoire :**

– Se laver les mains et sortir le matériel nécessaire (table à repasser, fer) ;

– Déplier la table à repasser et la régler à bonne hauteur ;

– Mettre de l'eau dans le réservoir du fer et le brancher ;

– Programmer la température du fer ;

– Appliquer le protocole de repassage spécifique au vêtement ;

– Éteindre le fer et le débrancher ;

– Vider l'eau du réservoir ;

– Ranger la table à repasser et le fer refroidi ;

– Ranger les vêtements.

# THÈME 2

# L'entretien du cadre de vie

## Bilan des connaissances

| Fiches pédagogiques | Ce que je savais déjà | Ce que j'ai découvert | Ce que je n'ai pas compris | Ce que j'ai retenu |
|---|---|---|---|---|
| **FP n° 5 :** l'entretien du matériel lié à l'alimentation | | | | |
| **FP n° 6 :** l'entretien des locaux | | | | |
| **FP n° 7 :** l'entretien du linge | | | | |
| **FP n° 8 :** la couture simple et le repassage | | | | |

## Fiches applications

| | Ce que j'ai compris | Ce que je n'ai pas compris | Ce que j'ai acquis | Ce qu'il me reste à acquérir |
|---|---|---|---|---|
| **FA n° 5 :** l'entretien du matériel lié à l'alimentation | | | | |
| **FA n° 6 :** l'entretien des locaux | | | | |
| **FA n° 7 :** l'entretien du linge | | | | |
| **FA n° 8 :** la couture simple et le repassage | | | | |

# Travaux pratiques

Exemple d'étude de cas à faire sur plusieurs séances afin que l'apprenant puisse atteindre l'acquisition des compétences requises pour l'obtention du CAPa.

*Vous êtes en stage auprès d'une AVS (auxiliaire de vie sociale) et vous intervenez dans la famille de la petite Tia âgée de 18 mois. La famille dispose de tout le matériel pour l'entretien du linge mais n'a pas de machine à coudre. Pour l'entretien du logement, elle possède les produits ménagers classiques, un aspirateur et un balai espagnol.*

*Situation*

*La maman de la petite Tia vous demande, particulièrement aujourd'hui, d'effectuer les tâches suivantes :*

- *Le repassage et le pliage du pantalon de Tia*
- *L'ourlet de celui-ci*
- *Le nettoyage « à fond » de sa chambre*
- *La programmation d'une machine du linge de Tia*

L'ordre des tâches ne vous est pas imposé.

## Feuille de préparation

Indiquer l'ordre des tâches à effectuer et justifier vos choix de priorités.

..........................................................................................................................................................................

..........................................................................................................................................................................

..........................................................................................................................................................................

..........................................................................................................................................................................

Lister le matériel et les produits nécessaires.

..........................................................................................................................................................................

..........................................................................................................................................................................

..........................................................................................................................................................................

..........................................................................................................................................................................

Présenter le protocole à effectuer pour chacune des tâches.

..........................................................................................................................................................................

..........................................................................................................................................................................

..........................................................................................................................................................................

..........................................................................................................................................................................

Justifier les techniques professionnelles utilisées.

..........................................................................................................................................................................

..........................................................................................................................................................................

..........................................................................................................................................................................

..........................................................................................................................................................................

## Bilan et analyse de pratique

| TP n° | Techniques professionnelles abordées | Mes points forts | Mes points à améliorer | Les difficultés que j'ai rencontrées | Les solutions trouvées ou que j'aurai à apporter |
|---|---|---|---|---|---|
| 1 | | | | | |
| 2 | | | | | |
| 3 | | | | | |
| 4 | | | | | |
| 5 | | | | | |

# 3 Les structures d'accueil des différents publics

## En structure collective

| Type de public | Structure d'accueil | Caractéristiques |
|---|---|---|
| Enfants | **Multi-accueil** | De plus en plus répandu, il remplace progressivement les crèches et les haltes-garderies. Regroupe le système des crèches (places permanentes) et celui des haltes-garderies (places occasionnelles). |
| | **Halte-garderie** | Accueille les enfants de moins de 6 ans quelques heures ou quelques jours par semaine. Outre les objectifs communs avec la crèche qui sont l'éveil de l'enfant et la préparation à l'entrée à l'école maternelle, cette structure permet de libérer les parents pour faire d'autres activités. |
| | **Crèche collective** | Installée dans des locaux fournis par la municipalité ou une association. Accueille de manière régulière les enfants de moins de 3 ans dont les parents travaillent. |
| | **Micro-crèche** | Même fonctionnement qu'une crèche collective avec une capacité d'accueil réduite. |
| | **Crèche familiale** | Plusieurs assistantes maternelles agréées accueillent à leur domicile 3 ou 4 enfants sous le contrôle d'une puéricultrice. Rattachées à une structure collective, les assistantes maternelles peuvent avoir des temps de regroupement avec les enfants dont elles ont la charge. |
| | **Crèche parentale** | Gérée par une association. Les parents assurent à tour de rôle la garde des enfants. Un professionnel qualifié doit être obligatoirement embauché. |
| | **ALSH (Accueil de loisirs sans hébergement)** | Propose des activités ludiques aux enfants âgés de 3 à 17 ans les mercredis et pendant les vacances scolaires. |
| | **École maternelle** | Établissement préscolaire non obligatoire. Il accueille les enfants de 2 à 6 ans et leur propose des apprentissages de base qui favorisent la socialisation. L'enfant doit être propre et à jour dans ses vaccinations. |

| Type de public | Structure d'accueil | Caractéristiques |
|---|---|---|
| **Personnes âgées** | **Foyer logement** | Accueille des personnes âgées relativement autonomes au sein d'appartements équipés et propose des services tels que la restauration et l'animation. |
| | **EHPAD (Établissement d'hébergement pour personnes âgées dépendantes)** | Accueille des personnes âgées en perte d'autonomie. Plusieurs services leur sont proposés, notamment l'aide à la vie quotidienne par des professionnels assurée 24h/24, une surveillance médicale ainsi que des soins médicaux. Une équipe pluridisciplinaire est présente pour répondre aux besoins du public dépendant. |
| | **MARPA (Maison d'accueil rural pour personnes âgées)** | Implantée en milieu rural, elle accueille des personnes âgées autonomes ou en légère perte d'autonomie. |
| | **CANTOU (Centre d'activités naturelles tirées d'occupation utile)** | Petites unités indépendantes ou directement rattachées à un EHPAD. Des patients en perte d'autonomie et de repères spatio-temporels y sont accueillis. |
| | **Accueil de jour** | Peut être un service au sein d'un hôpital gériatrique ou d'un EHPAD, mais peut aussi être autonome. Les personnes âgées bénéficient d'activités visant à les stimuler et à maintenir leur autonomie. Accueille des personnes souffrant d'une maladie d'Alzheimer ou apparentée afin de soulager les aidants familiaux. |

EHPAD

| Type de public | Structure d'accueil | Caractéristiques |
|---|---|---|
| Personnes en situation de handicap | **CLIS** (Classe d'inclusion scolaire) et **ULIS** (Unité localisée pour l'inclusion scolaire) | Permet l'accueil dans une école primaire ordinaire d'un petit groupe d'enfants (12 au maximum) présentant le même type de handicap. Les ULIS sont basés sur le même principe que les CLIS mais s'adressent aux collégiens et lycéens. |
| | **IME** (Institut médico-éducatif) | Accueille des enfants de 3 à 16 ans atteints de déficience intellectuelle pour un enseignement général adapté (IMP : institut médico-pédagogique) ainsi que des jeunes de 16 à 20 ans pour un enseignement de type professionnel (IMpro : institut médico-professionnel). |
| | **Foyer d'hébergement** | Assure l'hébergement et l'entretien d'adultes en situation de handicap qui exercent une activité pendant la journée, en milieu ordinaire, en atelier protégé ou en ESAT (établissement et services d'aide par le travail). |
| | **Foyer occupationnel** | Accueille des personnes adultes inaptes à exercer un travail productif mais jouissant d'une certaine autonomie. |
| | **MAS** (Maison d'accueil spécialisée) | Accueille des adultes sans autonomie et dont l'état nécessite une surveillance médicale et des soins constants. Une tierce personne est donc nécessaire pour les aider dans des actes de la vie quotidienne (lever, repas, activités, sorties...). |
| | **FAM** (Foyer d'accueil médicalisé) | Accueille des personnes handicapées physiques, mentales (déficients intellectuels ou malades mentaux handicapés) ou atteintes de handicaps associés. Il s'agit à la fois de structures occupationnelles et de structures de soins. |
| Personnes malades ou ayant besoin de soins hospitaliers | **Hôpital local** | Assure les soins médicaux courants des populations vivant en milieu rural. Il comporte souvent des unités de soins de longue durée et des EHPAD avec section de cure médicale. |
| | **Clinique** | Établissement privé de santé qui assure des soins aux patients. |
| | **Centre hospitalier** | Établissement public de santé qui assure des soins aux patients et qui mène des actions de prévention. Les CHU (centre hospitalier universitaire) ont également pour vocation l'enseignement et la recherche. |
| | **Maternité** | Prise en charge des accouchements et des soins apportés à la mère et à l'enfant dans ses premiers jours. Les maternités sont classées en fonction de leur plateau technique. |

## À domicile

| Type de public | Structure d'accueil | Caractéristiques |
|---|---|---|
| **Enfants** | **Assistante maternelle agréée indépendante** | Accueille à son domicile un ou plusieurs enfants. Un agrément lui est accordé par la PMI (protection maternelle infantile) qui précise le nombre d'enfants qu'elle peut garder et les conditions d'accueil. |
| **Personnes âgées (mais concerne aussi tout type de public)** | **SAD (Services à domicile) ou aide à domicile indépendante** | Accompagnement dans les actes de la vie quotidienne au domicile du bénéficiaire. Les professionnels peuvent être qualifiés (auxiliaire de vie sociale, assistant de vie aux familles...) ou non. Exemples d'activités : entretien des locaux, courses, aides au repas, à la toilette, à l'habillage, au coucher, à la gestion administrative. |
| **Personnes en situation de handicap** | **SESSAD (Service d'éducation spéciale et de soins à domicile)** | Apporte aux familles conseils et accompagnement. Il favorise l'intégration scolaire et l'acquisition de l'autonomie. Les interventions ont lieu dans les différents lieux de vie et d'activité de l'enfant ou de l'adolescent. |
| **Personnes malades** | **HAD (Hospitalisation à domicile)** | Cette forme d'hospitalisation fait suite à une hospitalisation classique. Une équipe médicale et paramédicale, disposant d'un secrétariat, de matériels et d'appareillages assure les soins destinés au domicile du patient. |
| | **SSIAD (Services de soins infirmiers à domicile) ou infirmières libérales** | Assure, sur prescription médicale, des prestations de soins infirmiers sous forme de soins techniques ou de soins de base au domicile des patients. |

# Les structures d'accueil

À remplir en lien avec votre lieu de stage ou enquête d'un lieu d'accueil de votre choix.
À mettre en commun avec vos camarades afin de pouvoir constituer un recueil de fiches structures.

- Nom de la structure : ..........

- Type de structure : ..........

- Statut juridique : ..........

- Environnement géographique : ..........

- Repères historiques : ..........

- Missions : ..........

- Fonctionnement (horaires...) : ..........

- Services et fonctions (apporter l'organigramme) : ..........

➡ Personnel (rôle et qualification) : ...............................................................................

..........................................................................................................................

..........................................................................................................................

..........................................................................................................................

..........................................................................................................................

..........................................................................................................................

..........................................................................................................................

..........................................................................................................................

..........................................................................................................................

➡ Règles d'hygiène à respecter (apporter des protocoles) : ..........................................

..........................................................................................................................

..........................................................................................................................

..........................................................................................................................

..........................................................................................................................

..........................................................................................................................

➡ Tenue vestimentaire des professionnels : ...................................................................

..........................................................................................................................

..........................................................................................................................

..........................................................................................................................

..........................................................................................................................

..........................................................................................................................

➡ Locaux et équipement (apporter le plan des locaux) : ..................................................

..........................................................................................................................

..........................................................................................................................

..........................................................................................................................

..........................................................................................................................

..........................................................................................................................

..........................................................................................................................

..........................................................................................................................

➡ Public accueilli (apporter un dossier d'admission / conditions d'admission : âges, caractéristiques... ) : ..........................................................................................................

..........................................................................................................................

..........................................................................................................................

..........................................................................................................................

..........................................................................................................................

..........................................................................................................................

# 9 Le confort de l'enfant

## Mettre en œuvre des techniques d'aide à la mobilisation

### • Le coucher

Actuellement, la position dorsale est recommandée car elle a fait ses preuves en matière de prévention de la mort subite du nourrisson. Un rituel du coucher peut être envisagé selon les habitudes de l'enfant (chanson douce, petites histoires... ).

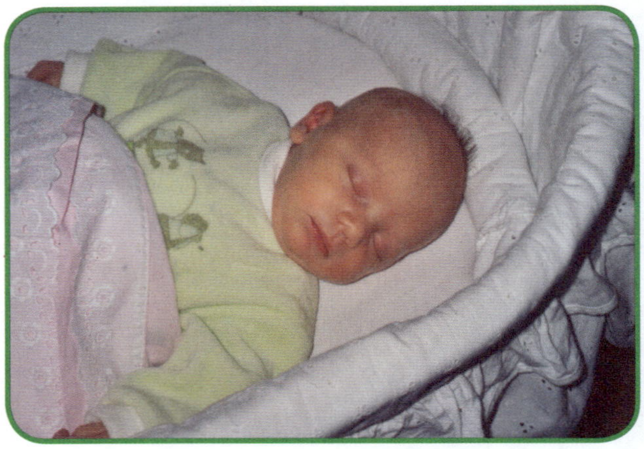

**Préparation**

Ouvrir la barrière de sécurité, ouvrir la gigoteuse et la déposer sur le lit.

**Technique**

- Prendre le nourrisson contre soi, la main sous la nuque afin de lui maintenir la tête.
- Poser un pied contre le rebord du lit, garder le dos droit et faire travailler les bras.
- Poser le nourrisson dans sa gigoteuse et la refermer.
- Refermer la barrière de sécurité.

### • Les techniques de portage du nourrisson

**Position du berceau**

Prendre l'enfant dans vos bras, poser sa nuque dans le creux de votre bras qui passe sous le dos du nourrisson et mettre votre main sous les fesses. La tête de l'enfant est calée dans le creux de votre coude, son dos est soutenu par l'avant-bras.

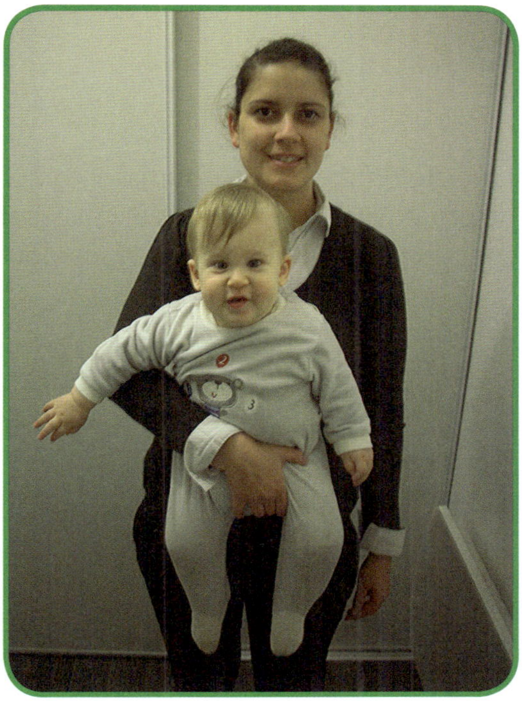

**Position « tournée vers l'extérieur »**

Poser le nourrisson à cheval sur votre ventre. Le maintenir redressé, son dos reposant contre votre thorax. Glisser une main entre les cuisses de l'enfant pour qu'il repose sur ses fesses.

**Position « tournée vers l'intérieur »**

Reposer le thorax de l'enfant sur votre thorax et le maintenir avec une main au niveau de la nuque et l'autre au niveau des fesses. Le nourrisson a la tête posée contre votre épaule.

**Position « ventrale »**

Placer et maintenir un bras sous le thorax du nourrisson. Passer l'autre bras entre ses cuisses en maintenant son ventre.

### • L'installation du nourrisson

Qu'il s'agisse de l'installation du nourrisson sur le siège transat, la chaise haute, la poussette ou encore le siège auto, il faut veiller à bien le maintenir, à l'attacher correctement en ajustant si besoin les ceintures de sécurité et veiller à respecter les règles d'ergonomie.

## Assurer la sécurité de l'aidant et de l'aidé

Veiller au confort du nourrisson sans se mettre en danger ni mettre en danger le nourrisson grâce aux règles de manutention. Leur application permet à la fois de protéger son capital dos et d'assurer confort et sécurité aux personnes. Pour se rappeler facilement des règles d'ergonomie, nous pouvons utiliser le moyen mnémotechnique ADOSSER :

- A — **A**ction des jambes (elles sont le moteur)
- D — **D**os droit (pour éviter toute rotation ou torsion)
- O — **O**rientation des pieds (utiliser les membres en flexion)
- S — **S**errer la charge
- S — **S**uperposer les centres de gravité
- E — **É**quilibre stable
- R — **R**echerche des appuis (et les orienter dans le sens de la direction)



## Assurer le confort thermique, acoustique, visuel de l'enfant. Qualité de l'air et sécurité de l'espace de vie

• **Le confort thermique :**

*La température de la chambre de l'enfant doit être d'environ 19 °C*

Le confort thermique est assuré, dans la plupart des habitations, soit par un chauffage au gaz naturel soit par un chauffage électrique.

| | Avantages |
|---|---|
| chauffage au gaz naturel | Facile d'utilisation, différentes utilisations, peu de manipulation, coût modéré. |
| chauffage électrique | Pas dangereux car pas d'entretien, facile d'utilisation, différentes utilisations mais coût élevé. |

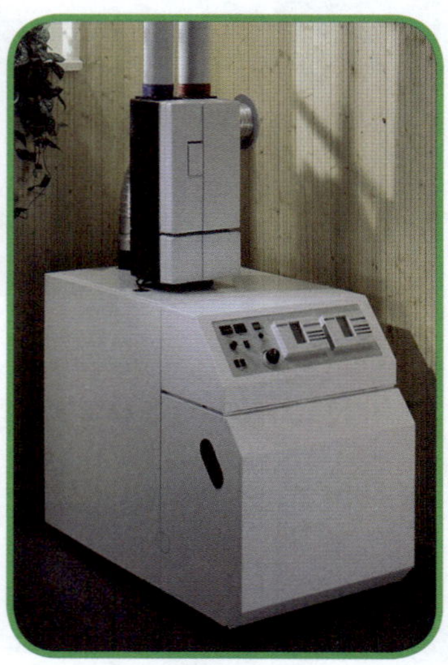

*Une chaudière à gaz*

## • Le confort acoustique

Définition du bruit : c'est un ensemble de sons indésirables ou provoquant une sensation désagréable. Notion très subjective.

Sources du bruit
Bruits aériens (voix, bruit de la circulation...) et bruits de chocs ou d'impacts (bruit des pas, des appareils ménagers...).
Effets du bruit sur l'organisme
Stress, agressivité, troubles du sommeil, baisse de la concentration, problèmes de communication, fatigue auditive.
Différents moyens pour se protéger du bruit en général
Isolation : procédé qui empêche la propagation des bruits venus de l'extérieur, prévue lors de la construction.
Correction acoustique : procédé qui permet de réduire le phénomène de réverbération.
Installation de double-vitrages, double-cloisons, double-rideaux, faux-plafonds, parquets, chaises capitonnées.

*La chambre de l'enfant doit être ensoleillée et à l'abri des nuisances sonores.*

## • Le confort visuel

Un bon éclairage permet d'éviter les chutes, la perte d'attention et la fatigue y compris visuelle.
Type de sources lumineuses : ampoules classiques, lampes halogènes, ampoules et tubes à fluorescence, ampoules basse consommation et éclairage à LED. Il ne faut pas oublier l'éclairage naturel des rayons du soleil.
Les sources lumineuses doivent assurer un éclairage général complété par un éclairage localisé.

*Il faut éviter l'éclairage fluorescent et trop intense dans la chambre de l'enfant. Une veilleuse permet une surveillance éventuelle pendant le sommeil. Il est possible d'accrocher un mobile sur les barreaux du lit aux couleurs chatoyantes pour animer son univers.*

## • La qualité de l'air

Conséquences de la pollution de l'air : maux de tête, vertiges, irritation des yeux, des voies respiratoires...
Si l'humidité est trop élevée : maladie respiratoire telle que l'asthme, apparition de moisissures, décollement du papier peint...
Si l'humidité est trop basse : sensation d'étouffement, gorge sèche, rhume...
Fonctions de la climatisation : refroidissement ou réchauffement de l'air, humidification ou déshydratation de l'air.
Fonctions de la ventilation : apport d'air neuf, aseptisation de l'air, dépoussiérage, filtration et évacuation des vapeurs grasses, des gaz, de la respiration.

*L'enfant craint les courants d'air, l'air humide et confiné. Été comme hiver, la chambre doit être aérée tous les jours en son absence.*

## • La sécurité de l'espace de vie

La surveillance et le rôle des adultes dans l'éducation à la prévention est un moyen efficace de lutte contre les accidents domestiques.

*Systèmes de sécurité dans une chambre d'enfant : prises à éclipses, système de blocage des fenêtres et protection des angles vifs.*

# 9 Le confort de l'enfant

## Exercices ludiques

**1** Remplir la grille de mots croisés sur le thème de la manutention.

1 – Elles sont le moteur.

2 – Que faut-il rechercher ?

3 – Que faut-il serrer ?

4 – Les membres doivent être utilisés de cette manière.

5 – Comment doivent être les centres de gravité (mettre le verbe à l'infinitif) ?

6 – Comment doit être l'équilibre ?

7 – Position du dos pour éviter toute rotation ou toute torsion.

**2** Associer les images suivantes avec la nature du confort mis en évidence.

| | **Nature du confort mis en évidence** | | |
|---|---|---|---|
| Images n° | Confort thermique | Confort acoustique | Confort visuel |
| 1 | ❑ | ❑ | ❑ |
| 2 | ❑ | ❑ | ❑ |
| 3 | ❑ | ❑ | ❑ |
| 4 | ❑ | ❑ | ❑ |
| 5 | ❑ | ❑ | ❑ |

## Travail d'implication

Travail individuel à faire en stage et à mettre en commun avec le reste de vos camarades

Remplir la fiche ci-dessous sur **une situation d'accompagnement à la sieste d'un enfant** :

- Type de structure d'accueil :
- Âge de l'enfant :
- Objectif de la sieste :
- Durée :
- Lieu :
- Matériel et produits :
- Ce qui se passe **avant** (préparation et installation du matériel et informations données à l'enfant) :
- Ce qui se passe **pendant** (étapes par ordre chronologique, moyens utilisés, techniques professionnelles dans le respect des règles d'hygiène, de sécurité, de manutention, critères de confort et d'organisation mis en place, importance du relationnel) :
- Ce qui se passe **après** (rangement, entretien de la pièce, du matériel...) :

## Mettre en œuvre des techniques d'aide à la mobilisation

### • Aide à la marche

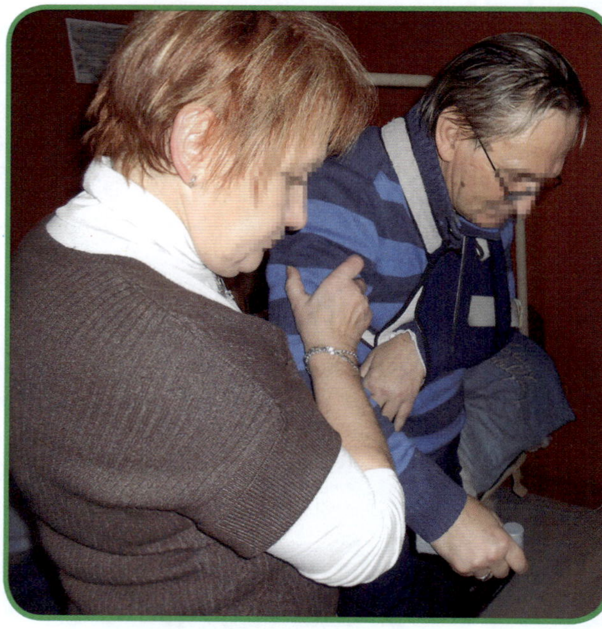

Le professionnel doit se placer à côté de la personne, légèrement derrière elle afin d'avoir une main dans son dos et l'autre devant elle pour qu'elle puisse s'y appuyer.

Pour l'aider à descendre les marches d'un escalier, le professionnel se placera une marche devant la personne.

### • Aide à l'installation au lit

– S'approcher avec la personne vers le côté du lit en reculant, la personne étant dos au lit.

– Demander à la personne de s'asseoir au bord du lit.

– Positionner un bras sous ses deux genoux et l'autre dans son dos.

– La personne se maintient avec sa main en s'appuyant sur votre épaule.

– Se placer en fente latérale et lui demander de basculer sa tête en arrière.

– La faire pivoter en vous aidant de ses deux bras.

– L'allonger en maintenant votre bras sous ses genoux.

### • Transfert du lit au fauteuil roulant

– Placer le fauteuil roulant perpendiculairement au lit puis enclencher les freins.
– Demander à la personne de se mettre au bord du lit.
– Fléchir les jambes afin de vous placer au niveau de la personne assise tout en gardant le dos droit.
– Coincer avec vos genoux le membre le plus faible de la personne.
– Placer vos bras sous les aisselles de la personne.

- Lui demander qu'elle s'accroche à votre cou.
- Lever la personne par une extension des jambes.
- La faire pivoter en faisant un quart de tour.
- Reposer délicatement la personne sur le fauteuil roulant.
- Déplacer le fauteuil jusqu'à l'endroit souhaité par la personne aidée.

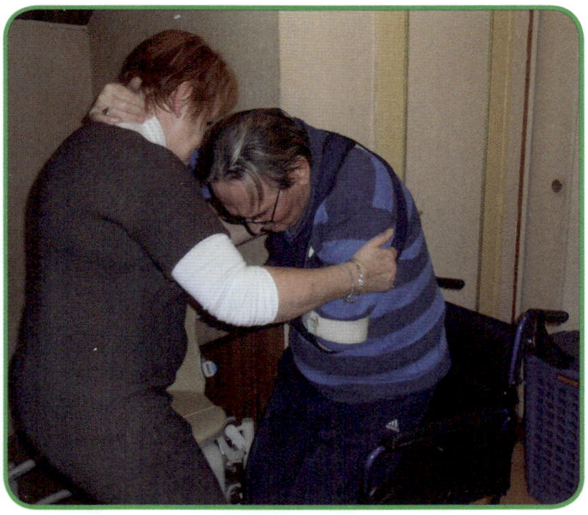

## Une technique incontournable : la réfection d'un lit inoccupé

**Matériel et produit** Linge de rechange – draps – taies d'oreiller / de traversin – alèse jetable.

**Technique**

Adapter la hauteur du lit et ne pas oublier de le redescendre au maximum à la fin de l'activité.

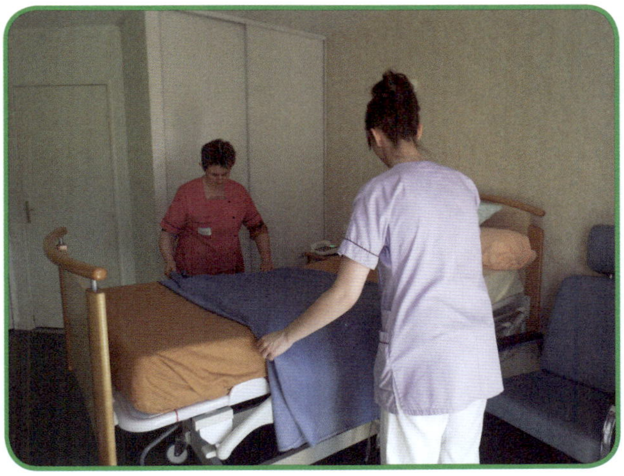

*1) Défaire le lit*

- Poser les oreillers sur la chaise après avoir mis les taies d'oreillers dans le sac à linge sale ;
- Déborder le lit ;
- Secouer doucement la couverture et la plier avant de la déposer sur la chaise ;
- Poser le traversin sur la chaise après avoir mis la taie de traversin dans le sac à linge sale ;
- Enlever les draps sales et les mettre dans le sac à linge sale ;
- Jeter l'alèse, s'il y en a une, dans une poubelle prévue à cet effet.

*2) Refaire le lit*

Positionner le drap de dessous, le déplier dans le sens de la longueur et faire les coins au carré.

***Pour réaliser des coins au carré :***
- Border la tête ou le fond du lit.
- Former un triangle en relevant le côté du drap (environ 30 cm du bord).
- Rentrer le côté.
- Faire tomber le triangle.
- Border le côté.

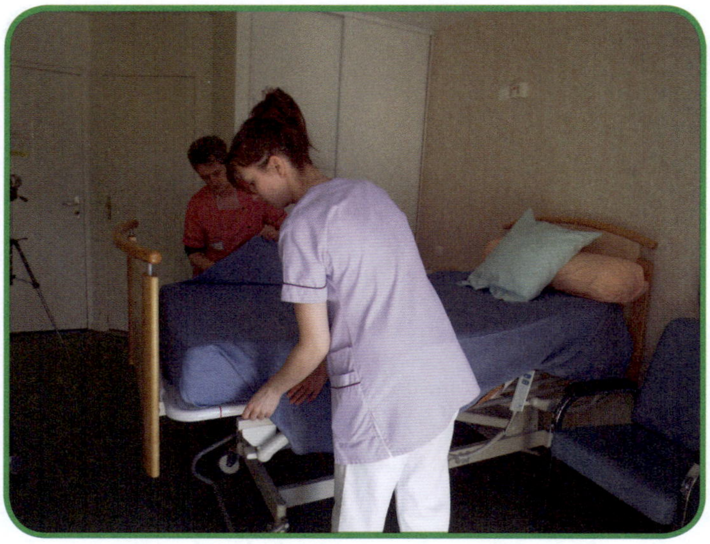

– Bien tendre le drap de dessus ainsi que la couverture pour éviter les plis.

– Rabattre le drap sur la couverture et faire un double revers pour laisser la place du traversin.

– Border drap et couverture au fond du lit en faisant les coins au carré.

– Faire un pli d'aisance au niveau des pieds, ce qui permet au drap de dessus d'être souple afin que la personne ne soit pas « prisonnière » d'une literie de dessus trop rigide.

– Mettre une taie de traversin et des taies d'oreillers propres et remettre le traversin et les oreillers.

Positionner l'alèse jetable au niveau du siège de l'usager, si la personne est incontinente.

## Assurer la sécurité de l'aidant et de l'aidé et prévenir les accidents domestiques



**Les règles d'or pour une manutention réussie :**

### 1 – L'anticipation

Il faut préparer l'environnement, c'est-à-dire :

– Dégager l'espace pour avoir le moins d'efforts à faire ;

– Retirer ce qui pourrait gêner comme par exemple les accoudoirs, les repose-pieds des fauteuils roulants ;

– Adapter le mobilier à la bonne hauteur (exemple : pour le lit médicalisé le monter jusqu'à hauteur de votre nombril qui sert de point de repère) ;

– Préparer l'ensemble du matériel ;

– Prévenir les risques d'accidents domestiques (exemple : désencombrer la pièce si besoin). Causes possibles de chutes : tapis, mobilier mal agencé, sol mouillé...

### 2 – La verbalisation

Avant de débuter toute manipulation, vous devez prévenir la personne et lui donner les informations sur ce que vous allez faire et le lieu que vous voulez atteindre. La personne ne doit pas faire obstacle aux transferts sous peine de les compromettre et d'engendrer des risques pour elle et pour vous. Vous devez donc obtenir son « consentement » avant de débuter.
Pour que la coopération soit optimale, prévenir la personne avant chaque geste effectué. Veiller à ce que la position soit confortable en la questionnant afin de pouvoir réajuster si besoin. Les mains de la personne aidée doivent être calées et non ballantes.

Exemples d'aménagement et/ou d'aide technique assurant la sécurité du logement :
**aménagement** : la pose d'un sol antidérapant, une douche sans bac, un bon éclairage.
**aide technique** : barre de maintien dans les WC et la salle de bains.

## Tableau sur les équipements spécifiques facilitant la manutention

| Équipements | Fonctions |
|---|---|
| 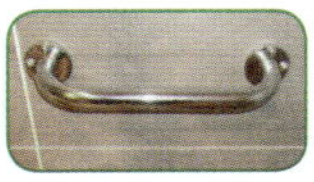 **Barre de maintien** | Elle sert d'appui à la personne lorsqu'elle souhaite s'installer sur les toilettes ou accéder à la douche. |
|  **Lit médicalisé** | Il facilite le travail du personnel et favorise le confort de la personne lors des levers et des couchers. Les barrières augmentent la sécurité de la personne. La potence permet au patient de se redresser seul dans le lit. |
| 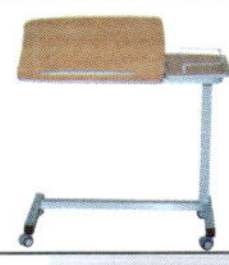 **Adaptable ou table de lit** | Il permet à la personne de se restaurer ou de prendre ses médicaments, par exemple. |
|  **Fauteuil de repos** | Il permet à la personne de se détendre. |
|  **Fauteuil garde-robe** | Il est nécessaire quand le déplacement pour aller aux toilettes devient très difficile, voire impossible. |
|  **Chaise de douche** | Elle permet à la personne d'être assise pendant la douche, soit parce que la station debout de manière prolongée est difficile, soit parce que la personne ne peut pas se mettre dans cette position. |
| 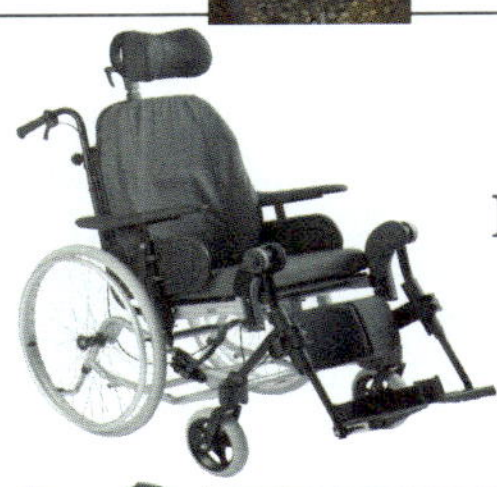 **Fauteuil roulant** | Il permet à la personne de se déplacer quand la marche n'est plus possible ou devient très difficile lors de certains handicaps ou pathologies. Les freins bloquent les roues et permettent un transfert en toute sécurité. Les repose-pieds réglables et amovibles permettent de réaliser les transferts sans risque de blessures. Les accoudoirs réglables et amovibles facilitent les transferts latéraux. |
|  **Déambulateur** | Il sert d'appui à une personne qui marche tout en minimisant ses efforts. |
|  **Canne anglaise** | Elle aide à la marche. |
| 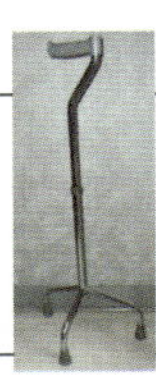 **Canne tripode** | Elle permet le déplacement mais aussi la rééducation. Elle offre une bonne stabilité. elle est adaptée à un public hémiplégique. |
|  **Lève-personne** | Il permet différents transferts (position allongée à position assise ou inversement mais aussi position assise à assise, sans passer par la position debout). |

# 10 Le confort de l'adulte

## Exercices ludiques

**1** Réécrire les différentes étapes de la réfection du lit inoccupé dans le bon ordre dans les cases prévues à cet effet.

- Adapter la hauteur du lit.
- Mettre une taie de traversin et des taies d'oreillers propres et remettre le traversin et les oreillers.
- Bien tendre le drap de dessus ainsi que la couverture.
- Border drap et couverture au fond du lit en faisant les coins au carré.
- Rabattre le drap sur la couverture et faire un double revers pour laisser la place du traversin.
- Secouer doucement la couverture et la plier avant de la déposer sur la chaise.
- Positionner le drap de dessous et le déplier dans le sens de la longueur et faire les coins au carré.
- Poser les oreillers sur la chaise après avoir mis les taies d'oreillers dans le sac à linge sale.
- Faire un pli d'aisance au niveau des pieds.
- Redescendre le lit au plus bas.
- Enlever les draps sales et les mettre dans le sac à linge sale.
- Déborder le lit.
- Poser le traversin sur la chaise après avoir mis la taie de traversin dans le sac à linge sale.

Fiche Application

## Travail d'implication

Travail individuel à faire en stage et à mettre en commun avec le reste de vos camarades

Remplir la fiche ci-dessous sur une **situation d'aide à la mobilisation** :

- Type de structure d'accueil : ……………………………………
- Type d'aide à la mobilisation choisi : ……………………………………
- Objectif : ……………………………………
- Durée : ……………………………………
- Lieu : ……………………………………
- Informations utiles sur la personne aidée : ……………………………………
- Ce qui se passe **avant** (préparation et installation du matériel et informations données à la personne aidée...) : ……………………………………
- Ce qui se passe **pendant** (étapes par ordre chronologique, moyens utilisés, techniques professionnelles dans le respect des règles d'hygiène, de sécurité, de manutention, critères de confort et d'organisation mis en place, importance du relationnel) : ……………………………………
- Ce qui se passe **après** (rangement, entretien de la pièce, du matériel...) : ……………………………………

# 11 Les soins d'hygiène de l'enfant

## Techniques professionnelles

*Les techniques présentées ci-dessous sont à adapter en fonction de l'âge de l'enfant. Plus l'enfant grandit, plus le professionnel le sollicitera afin de le faire participer.*

### • Le change

**Matériel et produits :**

- Table à langer avec son coussin de change ergonomique.

- Couche de rechange de bonne qualité, épaisse et absorbante, adaptée au poids du nourrisson.

- Carrés de coton et liniment ou carrés de coton et eau nettoyante sans rinçage ou gel nettoyant et gant de toilette propre à l'enfant (ou gant de toilette à usage unique selon le contexte).

- Serviette éponge douce propre à l'enfant ou serviette papier selon le contexte.

- Gants à usage unique si selles liquides.

- Sac hermétique ou poubelle avec couvercle.

**Technique :**

- Installer l'enfant sur le coussin de change préalablement nettoyé et désinfecté,

- Déshabiller **seulement le bas du corps**,

- Enlever les adhésifs de la couche,

- La rouler et la refermer à l'aide des scratchs, avant de la placer dans un sac hermétique,

- Nettoyer à l'eau tiède avec le gel nettoyant en rinçant au fur et à mesure des différentes étapes ou à l'aide d'un coton imprégné de fluide nettoyant sans rinçage ou de liniment en passant par le bas de l'abdomen, les plis de l'aine, le haut des cuisses.

Fiche Pédagogique

**Puis travailler du plus propre au plus sale et de haut en bas :**

Pour une **petite fille** : de la vulve (plis extérieurs des lèvres puis milieu) vers l'anus.

Pour un **petit garçon** : de la verge, des bourses vers l'anus.

Dans le cas où il y a eu utilisation d'eau, il faut sécher en tamponnant (sans frotter) à l'aide d'une serviette propre en coton ou jetable sans oublier les plis cutanés pour éviter toute macération.

– Bien ouvrir la couche et la positionner dans le bon sens (scratch en haut).

– Saisir les deux chevilles d'une seule main et glisser la couche sous les fesses en l'ajustant sur l'abdomen (ceinture juste au niveau de la taille et les adhésifs à hauteur du nombril) sans la serrer puis coller les scratchs.

– Habiller à nouveau le nourrisson.

## • Le bain

**Matériel et produits :**

– body
– pyjama
– couche
– thermomètre de bain
– gel douceur moussant cheveux et corps spécial bébé
– baignoire
– deux serviettes de bain
– jouet flottant adapté
– eau à 37 °C
– possibilité ou obligation d'utiliser un gant de toilette à usage unique selon le contexte
– table à langer avec son coussin de change

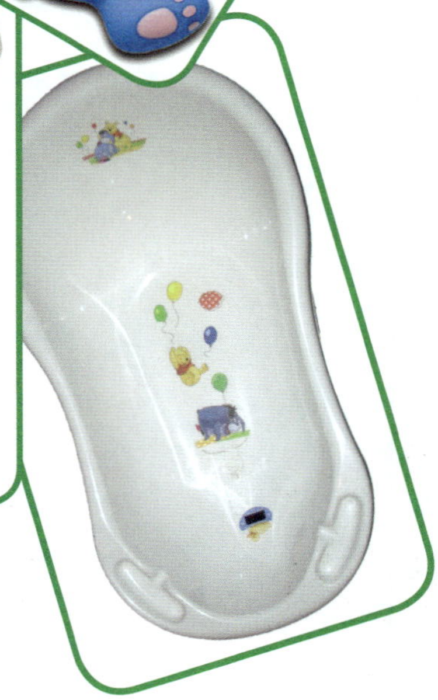

**Technique :**

*1) Déshabiller entièrement le nourrisson*

– l'installer sur la table à langer avec son coussin de change recouvert par une serviette éponge ;

– enlever les pressions dans le dos du pyjama en tournant légèrement le nourrisson sur le côté ;

– dégager les bras l'un après l'autre et libérer doucement chaque main ;

– soulever délicatement les fesses et sortir doucement les jambes ;

- déboutonner les pressions de l'entrejambe du body ;

- remonter le body vers le thorax ;

- maintenir le coude du nourrisson et dégager un bras puis l'autre ;

- élargir l'encolure et enlever le body ;

- enlever la couche.

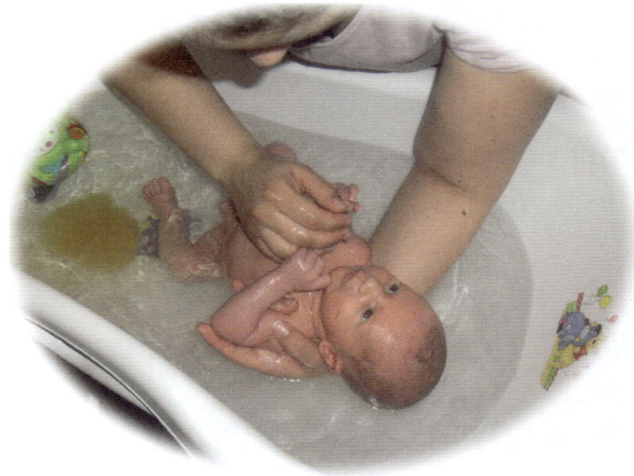

### *2) Bain du nourrisson*

- laver le visage du nourrisson à l'eau claire ou à l'eau savonneuse dans l'ordre suivant : le front, une joue, les ailes du nez, l'autre joue puis le contour de la bouche en passant par le menton et finir sous le nez.

- savonner les cheveux avec le gel moussant en massant légèrement son crâne par des mouvements circulaires de la paume de la main, puis descendre derrière les oreilles, faire le cou, les aisselles, les bras, les mains, le thorax, l'abdomen, en n'oubliant pas les plis pour éviter les rougeurs dues à une accumulation de micro-organismes.

- tourner légèrement le nourrisson sur un côté pour savonner le dos puis faire de même de l'autre côté.

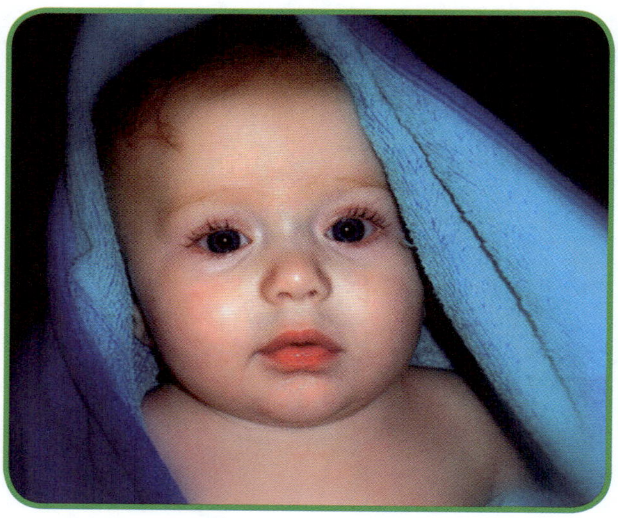

- continuer par savonner les jambes, les pieds, en n'oubliant pas les plis.

- laver les organes génitaux : pour les filles, nettoyer la vulve en écartant les grandes et les petites lèvres, nettoyer du méat urinaire vers l'anus et ne jamais revenir en arrière ; pour les garçons, nettoyer tout autour de la partie intime puis la verge et les bourses et terminer par les fesses. Nettoyer de l'intérieur vers l'extérieur (vers le dos) afin de ne pas ramener d'impuretés vers les parties intimes.

- plonger le nourrisson progressivement dans la baignoire remplie au tiers pour qu'il ne soit pas surpris par le contact de l'eau, en le tenant d'une main sous la nuque et de l'autre sous les cuisses en formant une pince avec les doigts sur le bras et la cuisse les plus éloignés de vous.

- dès qu'il est à l'aise, le soutenir d'une seule main avec la pince formée sur son bras et utiliser l'autre pour le rincer du plus propre au plus sale en passant bien dans tous les plis.

- l'envelopper dans une grande serviette propre et sèche.

- bien le sécher en tamponnant sans frotter et en passant dans tous les plis.

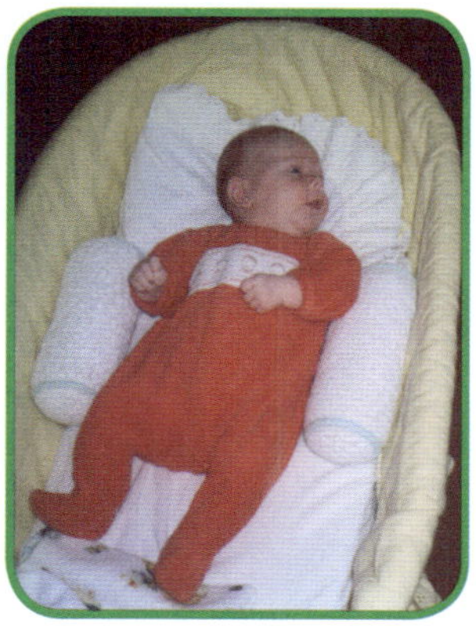

– mettre la couche à plat et poser le nourrisson dessus, rabattre la partie centrale et scratcher les côtés en centrant la couche ;

– mettre le body, toujours passer par le haut avec le vêtement plié en accordéon puis l'élargir pour faire passer la tête en la soulevant légèrement ;

– mettre la manche en accordéon, faire passer le bras en la dépliant et aller chercher sa main puis faire les mêmes gestes pour l'autre bras ;

– attacher le body avec les pressions à l'entre-jambe ;

– mettre le pyjama.

## • Les soins du visage

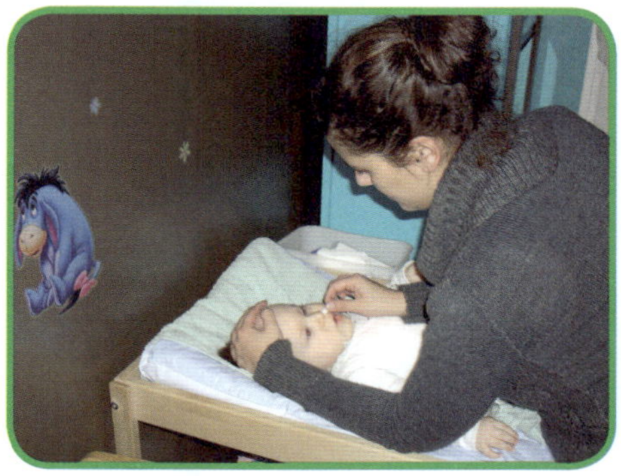

**Matériel et produits :**

- sérum physiologique
- coton hydrophile
- compresses stériles
- table à langer et son coussin de change recouvert d'une serviette propre
- mouche-bébé
- poubelle pour cotons et compresses usagés

**Technique :**

*1) Travailler du plus propre au plus sale*

– après le bain et une fois que l'enfant est habillé commencer par les oreilles, tourner la tête du nourrisson sur le côté et la bloquer délicatement, sécher avec du coton l'extérieur de l'oreille, faire une petite fusée avec le coton et passer par le pavillon de l'oreille puis à l'intérieur en tournant sans jamais l'enfoncer, changer de coton et faire de même avec l'autre oreille.

*2) Continuer par les yeux*

– prendre une compresse stérile et la plier en forme de triangle. Mouiller l'angle avec quelques gouttes de sérum physiologique, nettoyer de l'extérieur vers l'intérieur c'est-à-dire du plus propre au plus sale en cas de sécrétions dans le coin de l'œil. Prendre une nouvelle compresse et faire de même avec l'autre œil.

*3) Finir par le nez*

– faire une tige avec du coton et mettre quelques gouttes de sérum physiologique, introduire le coton dans la narine en tournant légèrement, prendre de nouveau du coton imbibé de sérum physiologique et faire de même avec l'autre narine.

# Rendre compte de l'état cutané

Lors des soins d'hygiène, il faut observer l'état de la peau (rougeurs, irritations, allergies, consigner les informations sur un cahier de transmission et avertir les parents.

Dans le cas d'érythème fessier (affection de la peau très courante chez le nourrisson, il s'agit d'une rougeur de la région fessière), placer correctement la crème de change (exemple mitosyl, bepanthen... en accord avec les parents) sous les plis et à l'endroit de l'érythème fessier par couches épaisses. Si les rougeurs persistent, il faut en informer le médecin.

Lors du change de l'enfant, il est aussi important d'observer les urines (couleur, fréquence) et les selles (consistance, couleur et fréquence).

# 11 Les soins d'hygiène de l'enfant

## Exercices ludiques

1 Répondre à cette question : « Qui suis-je ? » sur le thème du matériel et des produits d'hygiène de l'enfant.

| | Définition | QUI SUIS-JE ? |
|---|---|---|
| 1 | Je nettoie aussi bien les yeux que le nez du nourrisson. | |
| 2 | J'ai une propriété qui permet d'absorber l'eau. | |
| 3 | Je suis vendue en pharmacie. | |
| 4 | Je suis ergonomique. | |
| 5 | Je peux être manuel ou électrique. | |
| 6 | Je préviens les accidents domestiques. | |
| 7 | Je suis utilisé lors du bain du nourrisson. | |
| 8 | Je retiens les urines et les selles. | |
| 9 | Je ne fais pas de peluche. | |
| 10 | Je suis composé d'huile d'olive. | |
| 11 | Je n'ai pas besoin d'être rincé. | |
| 12 | Je lave le corps de bébé tout en douceur. | |
| 13 | Je protège contre les érythèmes fessiers. | |

## Travail d'implication

Travail individuel à faire en stage et à mettre en commun avec le reste de vos camarades

Remplir la fiche ci-dessous sur un **soin d'hygiène** de votre choix :

- Type de structure d'accueil :
- Type de soins d'hygiène choisi :
- Âge de l'enfant :
- Objectif de l'activité :
- Durée :
- Lieu :
- Informations utiles sur la personne aidée :
- Ce qui se passe **avant** (préparation et installation du matériel et informations données à l'enfant...) :
- Ce qui se passe **pendant** (étapes par ordre chronologique, moyens utilisés, techniques professionnelles dans le respect des règles d'hygiène, de sécurité, de manutention, critères de confort et d'organisation mis en place, importance du relationnel) :
- Ce qui se passe **après** (rangement, entretien de la pièce, du matériel...) :

# 12 Les soins d'hygiène de l'adulte

## Techniques professionnelles

*Les techniques présentées ci-dessous sont à adapter en fonction de la pathologie de la personne aidée. Le professionnel devra la faire participer au maximum afin de maintenir son autonomie.*

### • L'aide à la toilette ou toilette au lavabo

**Matériel et produits :**

- savon
- produits personnels (crèmes hydratantes, parfum...)
- déodorant
- peigne ou brosse
- rasoir et mousse ou gel à raser
- gants à usage unique
- deux gants de toilette (un pour le corps excepté les parties uro-génitales et anales et un autre pour la partie génito-anale)
- deux serviettes de toilette (même code couleur que pour les gants)
- un autre gant de toilette pour rincer
- vêtements propres, si possible choisis avec la personne

*Prévoir une chaise pour le cas où la personne se fatiguerait.*

**Technique :**

- Inviter la personne à rejoindre la salle de bain, tout en l'aidant si nécessaire.
- Faire couler l'eau à la température souhaitée ou tolérée par la personne.

*1) Déshabillage :*

- Il ne doit s'effectuer qu'à l'instant précis où la toilette commence pour éviter de refroidir la personne, et de l'exposer nue trop longtemps.

- Le déshabillage se fera au fur et à mesure de la toilette. Il faut donc commencer par déshabiller le haut du corps.

- Aider la personne à se dévêtir, tout en la laissant accomplir les gestes qu'elle peut faire.

- Mettre ses vêtements dans la panière à linge sale.

## 2) Aide à la toilette

**1** Laver, rincer et sécher le visage (avec ou sans savon selon les habitudes de la personne) puis derrière les oreilles et finir par le cou.

**2** Laver, rincer et sécher le torse et les membres supérieurs

– Partir de l'épaule et descendre vers le dessus de la main, les doigts et leurs espaces interstitiels, et remonter en nettoyant le dessous du bras jusqu'à l'aisselle.
Laver le torse du haut en bas, sans oublier les plis cutanés. Procéder pour le second bras comme pour le premier.
– Finir par le dos de haut en bas.
– Rhabiller le haut du corps.

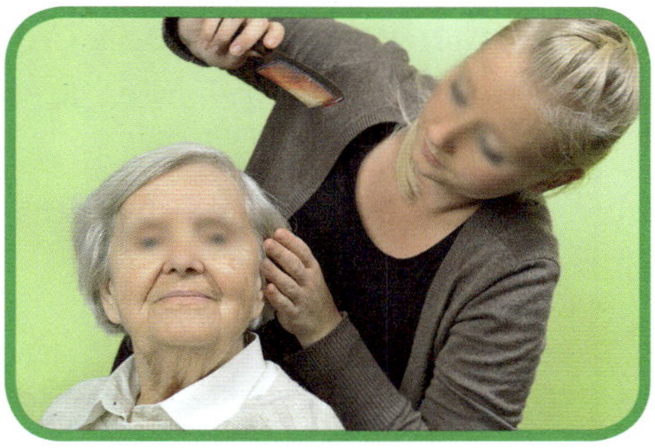

**3** Laver, rincer et sécher les membres inférieurs

Procéder comme pour les bras, laver d'abord la jambe opposée à vous. Commencer par le haut des jambes et descendre jusqu'aux pieds, sans omettre les orteils.

**4** Laver, rincer et sécher la partie génito-anale

Changer l'eau du lavabo afin de ne pas apporter de germes aux organes génitaux, se laver les mains, enfiler des gants à usage unique et CHANGER DE GANT ET DE SERVIETTE DE TOILETTE.

Puis nettoyer les organes génitaux du haut vers le bas

- chez la femme : pubis, grandes lèvres, région vulvaire ;
- chez l'homme : bien décalotter le gland et le recalotter.

Finir par les fesses.

## 3) Habillage

– Préférer les vêtements amples, qui sont faciles à enfiler, ont des tailles élastiquées, des fixations et qui s'ouvrent par devant.
– Utiliser des soutiens-gorge qui s'ouvrent devant et des chaussettes montantes.
– Utiliser des aides techniques telles qu'un chausse-pied.
– Mettre les vêtements en commençant par le côté « faible » de la personne s'il y en a un.

*Pour éviter que la personne ne se fatigue, faites-la s'asseoir, mettez-lui les chaussettes, la culotte ou le slip, le pantalon ou la jupe et seulement à ce moment invitez-la à se lever. Remontez un à un tous les vêtements.*

# Rendre compte de l'état cutané

Inspecter les zones de pression pour détecter les escarres (lésions cutanées dues à des zones de pression prolongée) et vérifier l'état cutané du sacrum.
Pour une personne confinée au lit, veiller tout particulièrement à ce que les vêtements et la literie ne fassent pas de pli afin d'éviter l'apparition d'escarres.
Il faut signaler toute anomalie sur le cahier de transmission. Le traitement des escarres doit être effectué par un(e) infirmier(e) diplômé(e) d'État. À l'inverse, la prévention des escarres peut être faite par les autres membres du personnel avec une simple crème hydratante.

# 12 Les soins d'hygiène de l'adulte

## Exercices ludiques

**1** Numéroter dans le bon ordre les étapes ci-dessous et indiquer le numéro correspondant dans les cases présentes sur le corps humain.

- laver, rincer et sécher les membres inférieurs .............................. ☐
- laver, rincer et sécher le visage.................................................. ☐
- laver, rincer et sécher la partie anale.......................................... ☐
- laver, rincer et sécher le dos ...................................................... ☐
- laver, rincer et sécher les parties intimes..................................... ☐
- laver, rincer et sécher le torse et les membres supérieurs ......... ☐

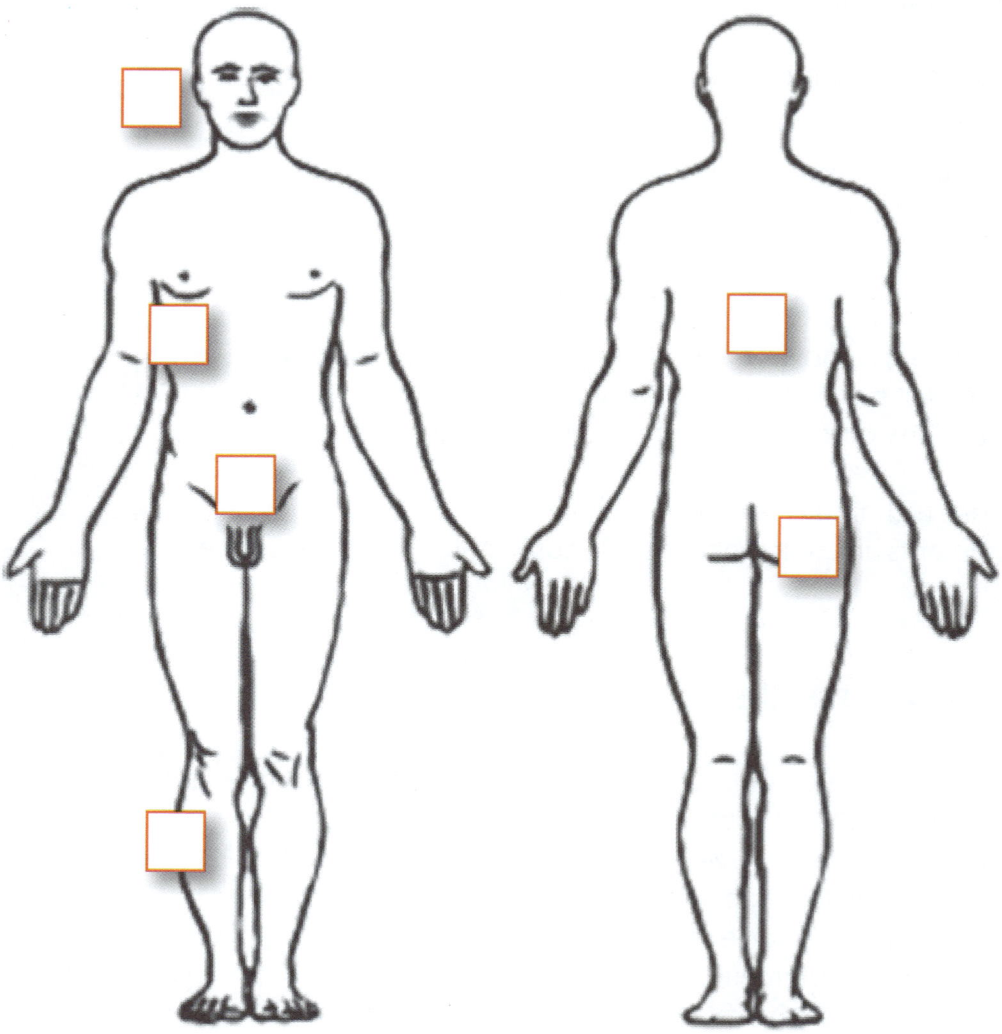

## Travail d'implication

Travail individuel à faire en stage et à mettre en commun avec le reste de vos camarades

Remplir la fiche ci-dessous sur un **soin d'hygiène** de votre choix :

- Type de structure d'accueil : ...................................................
- Objectif de l'activité : ...................................................

...................................................

- Durée : ...................................................
- Lieu : ...................................................

...................................................

- Informations utiles sur la personne aidée : ...................................................

...................................................

- Ce qui se passe **avant** (préparation et installation du matériel et informations données à la personne aidée...) : ...................................................

...................................................

...................................................

...................................................

- Ce qui se passe **pendant** (étapes par ordre chronologique, moyens utilisés, techniques professionnelles dans le respect des règles d'hygiène, de sécurité, de manutention, critères de confort et d'organisation mis en place, importance du relationnel) : ...................................................

...................................................

...................................................

...................................................

...................................................

...................................................

...................................................

...................................................

...................................................

...................................................

...................................................

- Ce qui se passe **après** (rangement, entretien de la pièce, du matériel...) : ...................................................

...................................................

...................................................

...................................................

...................................................

...................................................

# Récapitulons

## 3 Les structures d'accueil des différents publics

| Type de public | Structure d'accueil collective |
|---|---|
| Enfants | Multi-accueil / Halte-garderie / Crèche collective / Micro-crèche / Crèche familiale / Crèche parentale / ALSH / École maternelle |
| Personnes âgées | Foyer logement / EHPAD / MARPA / CANTOU / Accueil de jour |
| Personnes en situation de handicap | CLIS et ULIS / IME / Foyer d'hébergement / Foyer occupationnel / MAS / FAM |
| Personnes malades ou ayant besoin de soins hospitaliers | Hôpital local / Clinique / Centre hospitalier / Maternité |

| Type de public | Structure ou professionnel intervenant à domicile |
|---|---|
| Enfants | Assistante maternelle agréée indépendante |
| Personnes âgées (mais concerne aussi tout type de public) | SAD ou aide à domicile indépendante |
| Personnes en situation de handicap | SESSAD |
| Personnes malades | HAD / SSIAD ou infirmières libérales |



## Récap' 9 Le confort de l'enfant

### Mettre en œuvre des techniques d'aide à la mobilisation

- **Le coucher**
- **Les techniques de portage du nourrisson** — Positions :
  - « tournée vers l'extérieur »
  - « tournée vers l'intérieur »
  - « ventrale »
- **L'installation du nourrisson**

## Assurer la sécurité de l'aidant et de l'aidé

Veiller au confort du nourrisson sans se mettre en danger ni mettre en danger le nourrisson grâce aux règles de manutention avec la technique ADOSSER.

## Assurer le confort de l'enfant

- **Le confort thermique :** la température de la chambre de l'enfant doit être d'environ 19 °C.
- **Le confort acoustique :** la chambre doit être ensoleillée et à l'abri des nuisances sonores.
- **Le confort visuel :** il faut éviter l'éclairage fluorescent et trop intense dans la chambre.
- **La qualité de l'air :** la chambre doit être aérée tous les jours en l'absence de l'enfant.
- **La sécurité de l'espace de vie :** mettre des prises à éclipses et protéger les angles vifs...

# Récap' 10 Le confort de l'adulte

## Mettre en œuvre des techniques d'aide à la mobilisation

- **Aide à la marche**
- **Aide à l'installation au lit**
- **Transfert du lit au fauteuil roulant**

## Une technique incontournable : la réfection d'un lit inoccupé

## Assurer la sécurité de l'aidant et de l'aidé et prévenir les accidents domestiques

Les règles d'or pour une manutention réussie : l'anticipation et la verbalisation.

## Récap' 11 Les soins d'hygiène de l'enfant

### Techniques professionnelles

*Les techniques présentées sont à adapter en fonction de l'âge de l'enfant. Plus l'enfant grandit, plus le professionnel le sollicitera afin de le faire participer.*

- Le change
- Le bain
- Les soins du visage

### Rendre compte de l'état cutané

Signaler les érythèmes fessiers, les irritations et les signes d'allergies constatés.

## Récap' 12 Les soins d'hygiène de l'adulte

### Techniques professionnelles

*Les techniques présentées sont à adapter en fonction de la pathologie de la personne aidée. Le professionnel devra la faire participer au maximum afin de maintenir son autonomie.*

Déshabillage / Aide à la toilette / Habillage

### Rendre compte de l'état cutané

Signaler les escarres et toutes autres anomalies.

# THÈME 3
# Le confort et l'hygiène de la personne aidée

## Bilan des connaissances

Fiches pédagogiques

| | Ce que je savais déjà | Ce que j'ai découvert | Ce que je n'ai pas compris | Ce que j'ai retenu |
|---|---|---|---|---|
| **FP n° 9 :** le confort de l'enfant | | | | |
| **FP n° 10 :** le confort de l'adulte | | | | |
| **FP n° 11 :** les soins d'hygiène de l'enfant | | | | |
| **FP n° 12 :** les soins d'hygiène de l'adulte | | | | |

## Fiches applications

| | Ce que j'ai compris | Ce que je n'ai pas compris | Ce que j'ai acquis | Ce qu'il me reste à acquérir |
|---|---|---|---|---|
| **FA n° 9 :** le confort de l'enfant | | | | |
| **FA n° 10 :** le confort de l'adulte | | | | |
| **FA n° 11 :** les soins d'hygiène de l'enfant | | | | |
| **FA n° 12 :** les soins d'hygiène de l'adulte | | | | |

# Travaux pratiques

Exemple d'étude de cas à faire sur plusieurs séances pour que l'apprenant puisse atteindre l'acquisition des compétences requises pour l'obtention du CAPa.

*Vous travaillez en tant qu'auxiliaire de vie sociale à l'association « Aide pour tous » et avez pour habitude de faire quotidiennement la même tournée dans un village. Après chaque intervention, vous devez remplir le cahier de transmission présent au domicile de chaque bénéficiaire.*

*De 8 h à 9 h, vous intervenez au domicile de M^me^ Ramis âgée de 62 ans, qui s'est cassé le col du fémur. Elle vous demande de l'aider à se laver et à s'habiller.*

*Puis de 9 h 30 à 10 h 30, vous vous rendez au domicile de M. Xavier, 41 ans, qui se déplace en fauteuil roulant suite à un accident de voiture. Il vous demande de refaire son lit après l'avoir transféré du lit au fauteuil roulant.*

*Ensuite, de 11 h à 12 h, vous allez chez M. Dulon qui élève seul ses 4 enfants. Il vous sollicite pour donner le bain à son petit dernier Tao, 4 mois, avant le repas. Il faudra également l'installer sur son siège transat après l'activité.*

*Enfin, à 13 h 30 vous intervenez chez M^me^ Morin qui vient de donner naissance à Tia, 1 mois. Ayant subi une césarienne, elle a besoin d'aide pour s'occuper de sa fille. Elle vous demande de changer la couche du bébé avant de le mettre au lit.*

Conseils – Afin de répondre aux besoins des personnes, des gestes et des techniques sont nécessaires et s'articulent autour de cinq points importants que l'on retrouve à chaque réalisation de soins :

**l'organisation – la sécurité – l'hygiène – le confort – la communication**

*Trame des cahiers de transmission à remplir au domicile des bénéficiaires*

| Dates | Horaires | Activités réalisées | Commentaires et /ou anomalies à signaler | Nom et signature |
|---|---|---|---|---|
| | | | | |
| | | | | |
| | | | | |
| | | | | |

## Bilan et analyse de pratique

| TP n° | 1 | 2 | 3 | 4 | 5 |
|---|---|---|---|---|---|
| Techniques professionnelles abordées | | | | | |
| Mes points forts | | | | | |
| Mes points à améliorer | | | | | |
| Les difficultés que j'ai rencontrées | | | | | |
| Les solutions trouvées ou que j'aurai à apporter | | | | | |

# Approches scientifiques

## Thème 1 : la restauration



## Thème 2 : l'entretien du cadre de vie



## Thème 3 : le confort et l'hygiène de la personne aidée

AS1
approche scientifique

# Thème 1
# La restauration

## Les caractéristiques des lieux de restauration

### Étude d'une installation électrique au sein d'une cuisine domestique

Le dispositif qui protège les appareils d'installation est le disjoncteur différentiel (disjoncteur général avec protection différentielle) et celui qui assure la protection des personnes est la mise « à la terre ».

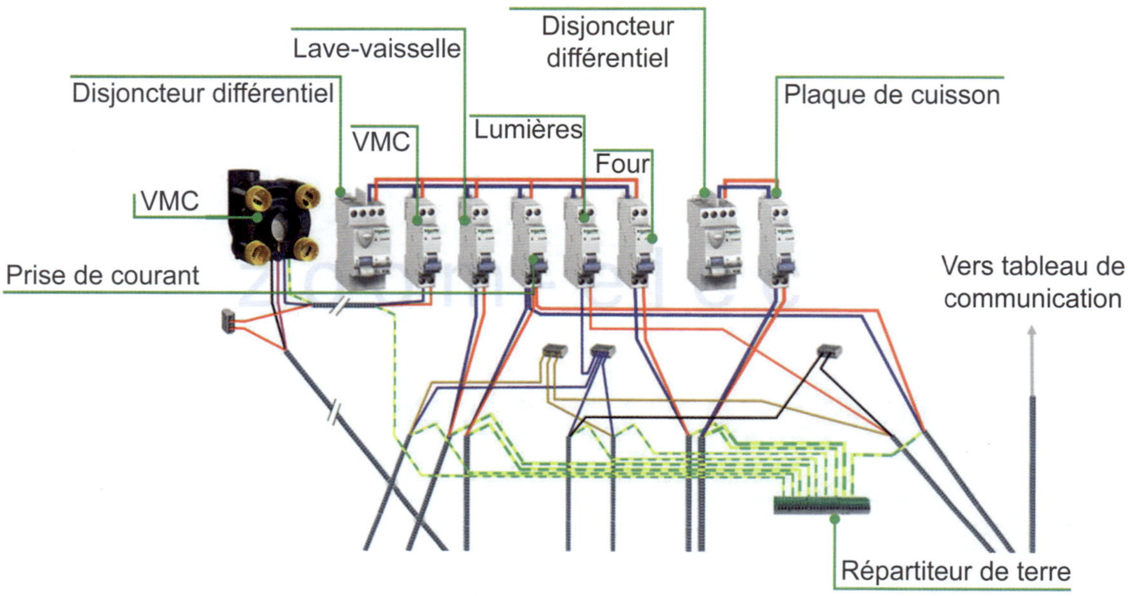


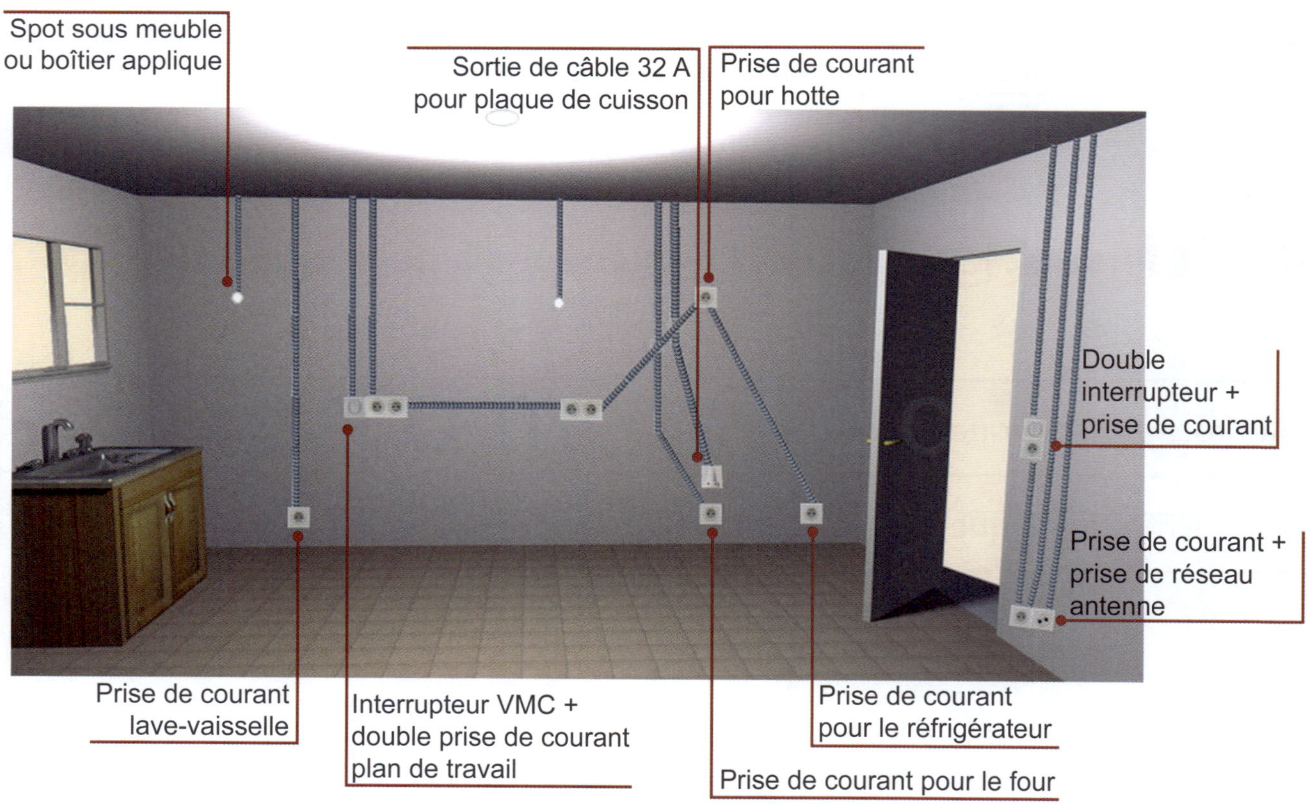


Approche scientifique

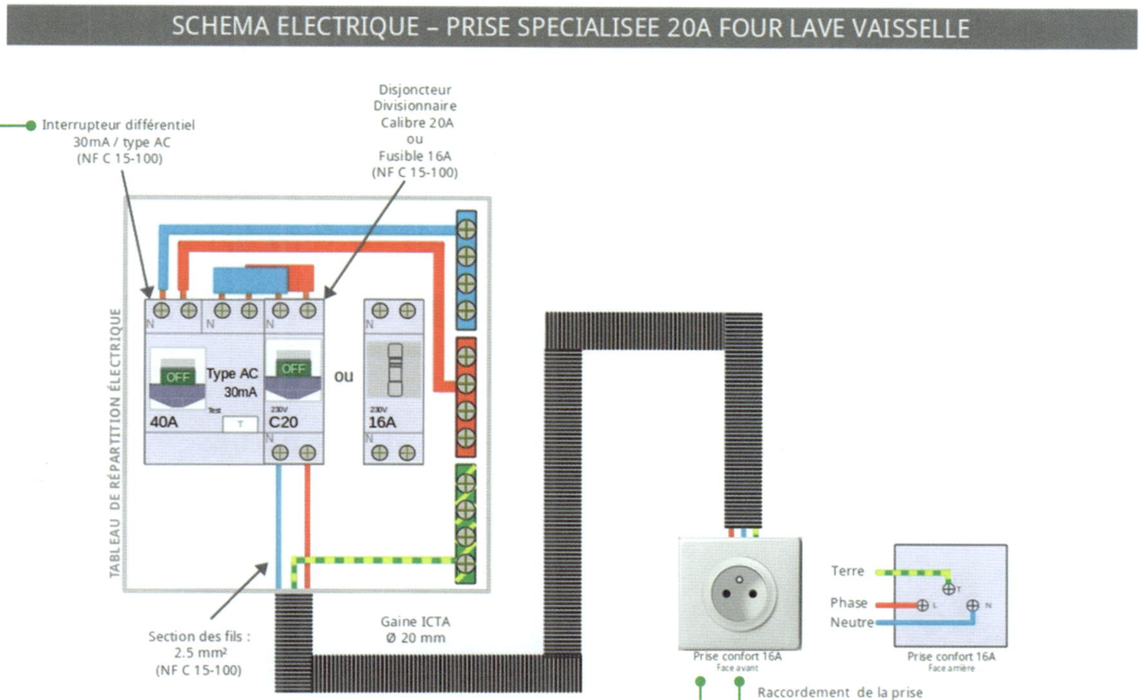


CONDUCTEURS ELECTRIQUES
Phase
Neutre
Terre

L'intensité (I) du courant se mesure en ampère (A) ou milliampère (mA).

Pour calculer l'intensité efficace du courant électrique :

**I = P / U**

P = Puissance en watts (W) de l'appareil
U = Tension en volts (V)

www.installation-renovation-electrique.com

La tension d'alimentation disponible aux bornes d'une prise de courant domestique se nomme la tension de secteur qui est de 230 volts (V).

# Exemple d'étiquette énergie d'un lave-vaisselle

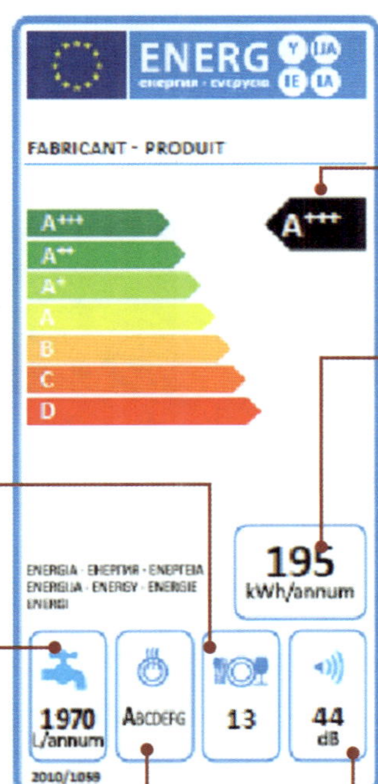


Classe énergétique (la classe $A^{+++}$ est la plus économique)

Pour calculer l'énergie électrique :

E = P x t

E = énergie en KWh
P = puissance en KW
t = temps en heure

Capacité en nombre de couverts standard

Consommation d'eau annuelle en litres fondée sur 280 cycles de lavage standard

Classe d'efficacité de séchage sur une échelle de A à G

Bruits en décibels

# Thème 1
# La restauration

## L'adaptation des repas

## Biomolécules : glucides, lipides, pProtides

### Exemples d'aliments contenant principalement des glucides

**Glucides simples ou oses ($C_6H_{12}O_6$) :**

Glucose / Fructose / Galactose

**Glucides composés ou diholosides ($C_{12}H_{22}O_{11}$) :**

Saccharose (glucose + fructose)
Maltose (glucose + glucose)
Lactose (glucose + galactose)

**Glucides complexes ou polyholosides [($C_6H_{12}O_6$) n] :**

Amidon / Cellulose / Glycogène

Les glucides complexes résultent de l'enchaînement de milliers de glucides simples

**Rôle des glucides**

1 gramme de glucides libère 17 kJ. Apport recommandé par jour : 50 à 55 %.

**Rôle** : énergétique.

### Exemples d'aliments contenant principalement des protides

**Aliments contenant des protéines animales :**

**Aliments contenant des protéines végétales :**

Germes de soja

Quinoa

LES HOLOPROTÉINES **(Albumine / Gluten / Collagène)**
ne libèrent que des acides α-aminés par hydrolyse.

LES HÉTÉROPROTÉINES **(Caséine / Hémoglobine)**
sont scindées, d'une part en acides α-aminés et, d'autre part, en corps différents par hydrolyse.

**Rôle des protides**

1 gramme de protide libère 17 kJ. Apport recommandé par jour : 12 à 15 %.

**Rôle** : participe au renouvellement cellulaire et assure la croissance et la multiplication des cellules.

# Exemples d'aliments contenant principalement des lipides

### Acides gras saturés

Acide palmatique (très répandu dans notre organisme), acides laurique, myristique, stéarique sont les plus communs. Ces acides gras sont souvent surutilisés dans l'alimentation.

### Acides gras monoinsaturés

L'acide oléique (omega 9) c'est l'acide gras le plus répandu dans notre organisme qui est capable de le produire à partir du glucose.

### Acides gras polyinsaturés ou acides gras essentiels

L'acide linoléique (omega 6) est contenu dans les huiles de tournesol, noix, maïs, soja. L'acide alpha-linolénique (oméga 3) est contenu dans les huiles de noix, colza, soja.

**Composition** : les lipides sont presque exclusivement constitués (environ 98 %) de triglycérides qui sont des combinaisons de trois acides gras et d'une molécule de glycérol. Les 2 % restants sont des phospholipides (lécithines...), des stérols (cholestérol...) et des vitamines liposolubles (A,D,E,K).

**Rôle des lipides**

1 gramme de lipides libère 38 kJ. Apport recommandé par jour : **30 à 35 %**.

**Rôle** : participe à la thermorégulation et au transfert des vitamines ; cette biomolécule est indispensable à la construction du tissu nerveux.

# Thème 1
# La restauration

## L'achat et le stockage de denrées alimentaires

### Étude du fonctionnement d'un réfrigérateur

**Principe de production du froid par compression** : un fluide frigorigène circule dans un circuit fermé dans lequel il subit des changements d'états successifs (de liquide à gazeux et inversement) afin de faire passer une quantité de chaleur d'un corps froid vers un corps chaud.

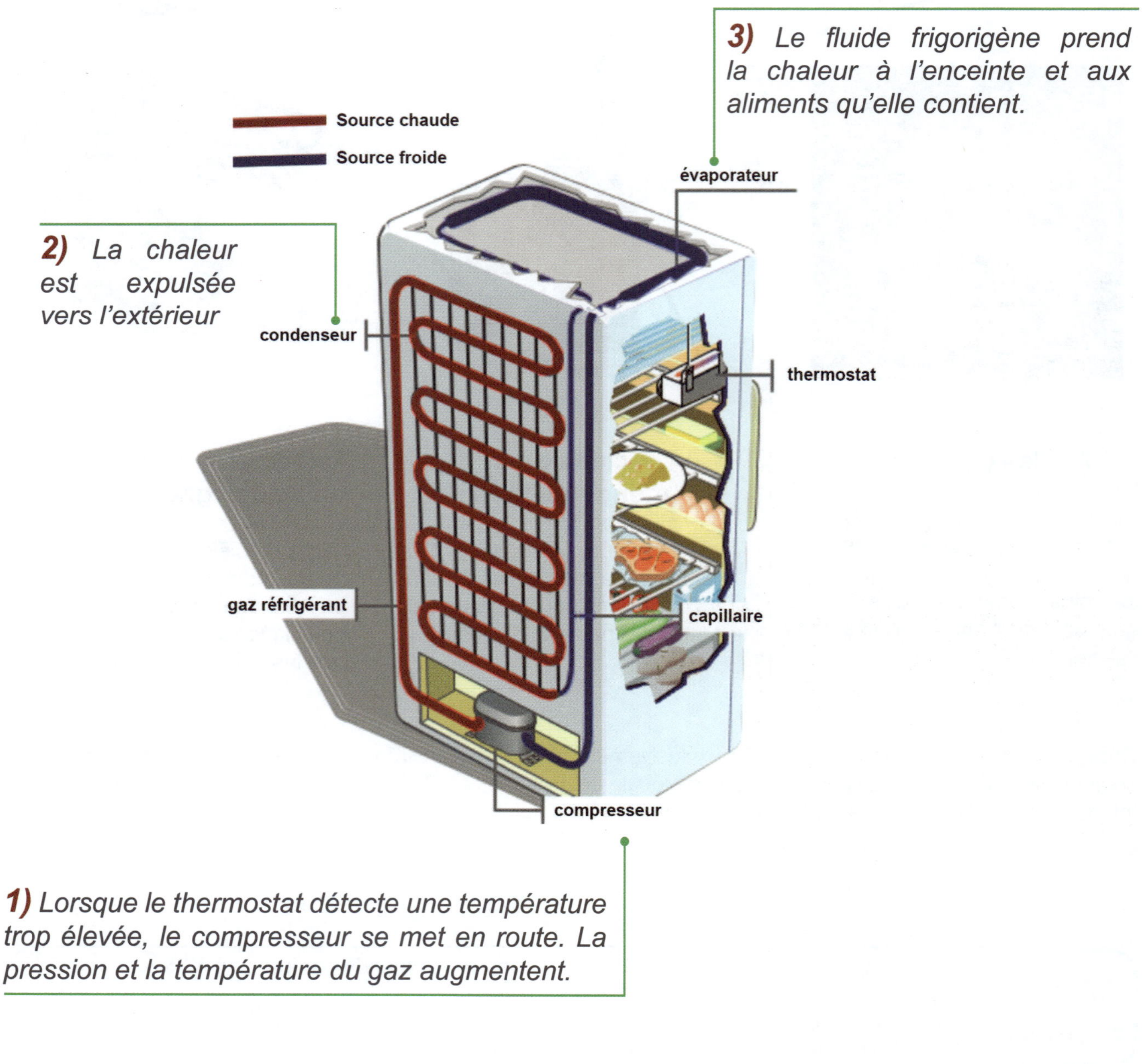

## Schéma simplifié d'un réfrigérateur

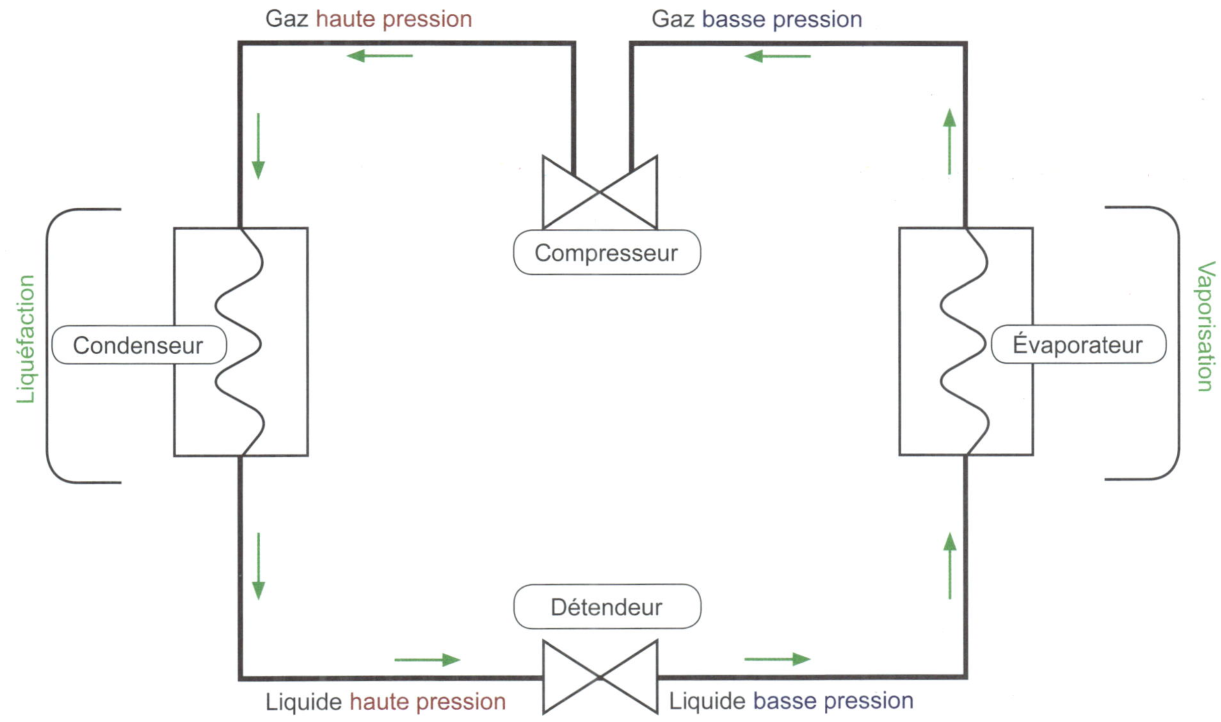

Approche scientifique

# AS4
approche scientifique

# Thème 2 - L'entretien du cadre de vie

## Les enjeux du développement durable et du nettoyage professionnel à domicile et en structure

### Pollution des eaux de rivière

L'usage des détergents synthétiques, que ce soit à domicile ou en collectivité, a pour conséquence la pollution des rivières. En effet, les filtres naturels ou ceux utilisés dans les stations d'épuration sont de moins en moins en capacité d'arrêter les bactéries lorsqu'ils sont en présence de détergents. Le rejet de phosphates provoque une prolifération des algues. Par exemple, une lessive peut être composée de 25 à 40 % de polyphosphates qui ont pour mission d'empêcher la précipitation du calcaire. Le phosphore sous forme de phosphate exerce un rôle d'engrais pour les plantes dont les algues. La prolifération d'algues est un danger pour les êtres vivants car elle cause un appauvrissement en oxygène des eaux. C'est le phénomène d'eutrophisation de l'eau que nous pouvons observer sur l'image ci-dessous. Il faut savoir que certains fabricants remplacent les phosphates par d'autres produits.

AS5
approche scientifique

# Thème 2 - L'entretien du cadre de vie

## L'entretien du matériel lié à l'alimentation

### Étude du fonctionnement d'un lave-vaisselle

**Principe** : de l'eau chaude, additionnée d'un produit à vaisselle, projetée par l'intermédiaire d'un ou deux bras tournant sur la vaisselle à nettoyer.

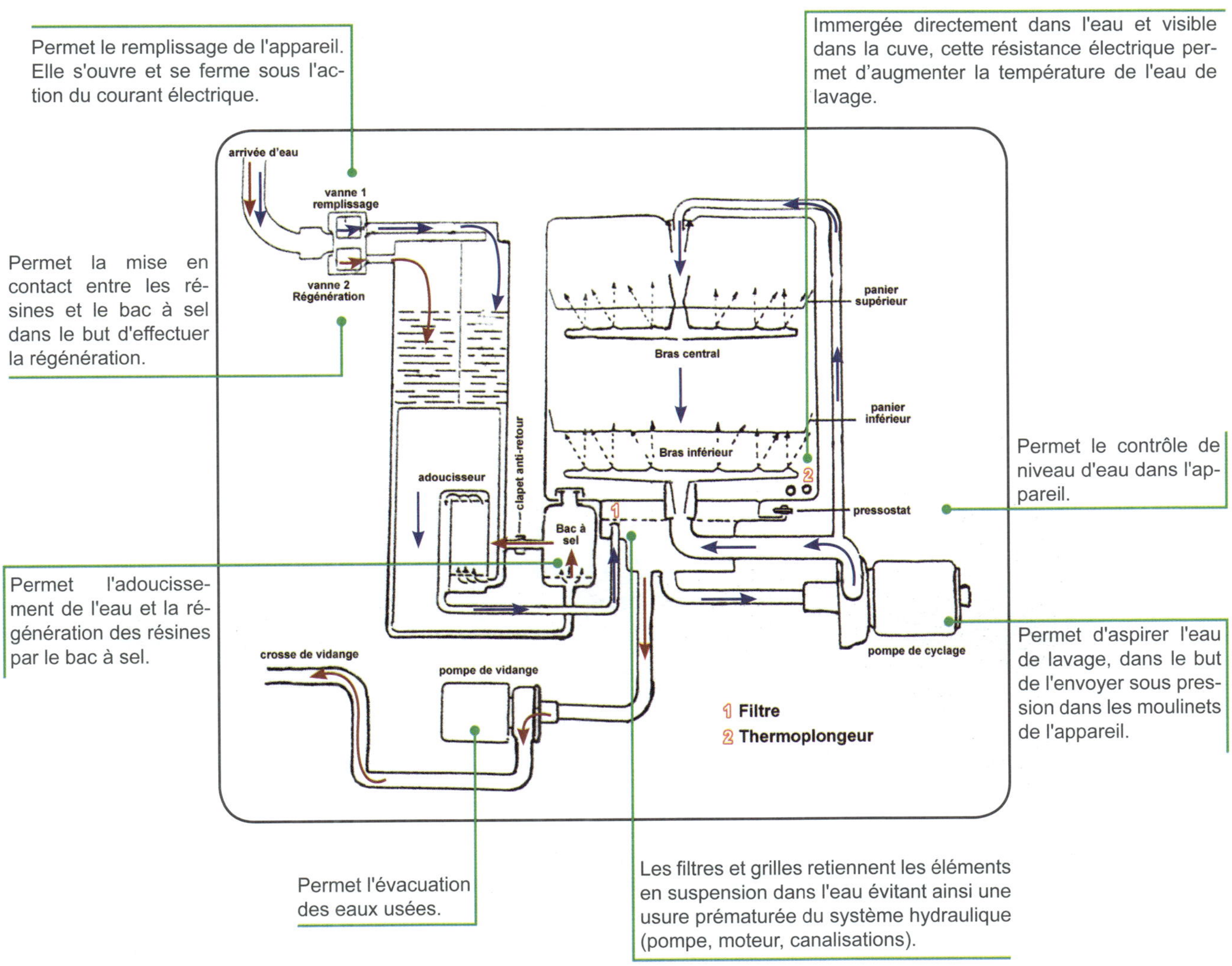

## Cycle de lavage

Le **produit de lavage** a pour mission d'éliminer les résidus alimentaires.

| | | |
|---|---|---|
| 1 | **action thermique** | le thermoplongeur chauffe l'eau |
| 2 | **action chimique** | l'eau chaude passe dans le réservoir de détergent et se transforme en eau lessivielle |
| 3 | **action mécanique** | les bras d'aspersion projettent l'eau chaude lessivielle à l'intérieur de la cuve |
| 4 | **action hydraulique** | l'eau entre en contact avec la vaisselle à nettoyer |

Une sonde détecte le taux de remplissage de la cuve. Elle arrête ce remplissage une fois le niveau d'eau atteint.

## Cycle de rinçage

Le **produit de rinçage** a pour mission de neutraliser les sels minéraux et d'assurer un bon écoulement de l'eau.

| | |
|---|---|
| Étape n° 1 | l'eau sale se dépose au fond de la cuve |
| Étape n° 2 | l'eau sale est filtrée et aspirée afin d'être évacuée |
| Étape n° 3 | les bras d'aspersion projettent de l'eau claire sur la vaisselle afin d'évacuer les saletés |
| Étape n° 4 | la régénération : un deuxième rinçage avec un produit de rinçage mélangé à l'eau chaude enlève les dernières traces |

Le sel régénérant (ion chlorure de sodium) a pour mission de régénérer la résine pour adoucir l'eau afin d'économiser l'énergie et le détergent et de limiter la formation de tartre.

## Cycle de séchage

L'eau chaude se transforme en vapeur (méthode de condensation au contact du froid). Cette vapeur se détache naturellement de la vaisselle.

# Dureté de l'eau et rôle des adoucissants

## La dureté de l'eau

Plus l'eau est dite « dure » et plus la quantité de lessive à utiliser sera importante comme nous l'indique l'étiquette ci-dessous :

Les deux ions responsables de la dureté de l'eau sont les ions calcium $Ca^{2+}$ et les ions magnésium $Mg^{2+}$. Plus la quantité de ces deux ions sera importante et plus le risque de formation de calcaire (tartre : dépôt blanchâtre) sera présent.

***Titre hydrotimétrique en degré français (°f)***

0 à 6 °f = eau très douce
6 à 15 °f = eau douce
15 à 30 °f = eau moyennement dure
Plus de 30 °f = eau dure

Pour calculer la dureté d'une eau, il faut appliquer la formule scientifique ci-dessous :

$$n = \frac{m}{M}$$

**n** = quantité de matière de l'espèce chimique en mol

**m** = masse de l'espèce chimique en g

**M** = masse molaire en g/mol

Il faut calculer la quantité de matière d'ion magnésium $Mg^{2+}$ et d'ion calcium $Ca^{2+}$ de votre eau du robinet, additionner les résultats et trouver le titre hydrotimétrique sachant que :

**$1\ °f = 10^{-4}$ mol/L**

## Les adoucissants

Ils ont pour rôle de neutraliser les ions magnésium ($Mg^{2+}$) et les ions calcium ($Ca^{2+}$). Ils rendent l'eau douce. Celle-ci permet à la lessive de conserver son pouvoir moussant. Les adoucissants contiennent des agents de surface (appelés aussi tensioactifs) cationiques qui ont une charge positive. Ils ont un faible pouvoir détergent mais ont des propriétés antibactériennes.

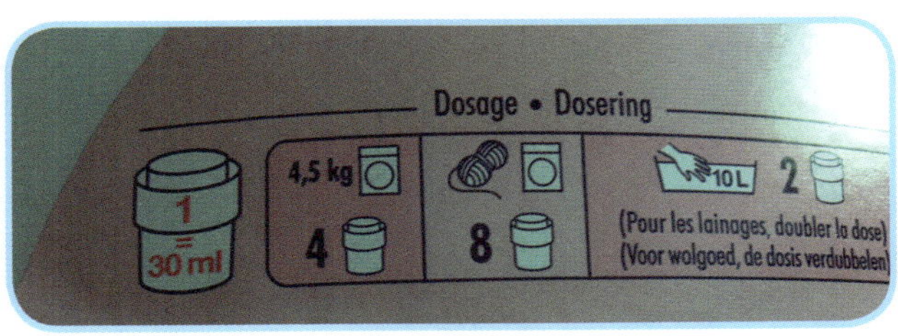

AS7
approche scientifique

# Thème 3 - Le confort et l'hygiène de la personne aidée

## Les structures d'accueil des différents publics

### Éléments de confort liés à l'accueil individuel et collectif

Le principal composant de l'air est le diazote ($N_2$ à 78 %).

L'hygrométrie calcule le pourcentage d'humidité dans l'air qui doit se situer entre 40 et 60 % environ.

#### Le chauffage

Les énergies renouvelables sont plus écologiques et plus économiques à long terme. Néanmoins, il y a encore beaucoup d'habitations individuelles et collectives qui possèdent une chaudière.
*Principe de fonctionnement d'une chaudière* : une chaudière assure la production d'énergie thermique qui est transportée par l'intermédiaire d'un fluide caloporteur jusqu'aux émetteurs (radiateurs) répartis dans les différentes pièces à chauffer en habitat individuel ou collectif.

Rôle de la ***résistance*** : transforme l'énergie électrique en énergie thermique.

Rôle du ***thermostat*** : permet de réguler la température.

#### L'isolation

Les isolations ***thermique*** et ***phonique*** protègent les habitations à la fois des écarts de température extérieure et du bruit. Les supports dans l'habitat qui peuvent être isolés sont les vitres, le sol, le plafond et le mur. L'isolation thermique réduit les déperditions de chaleur. L'isolation phonique protège l'habitation du bruit extérieur mais aussi du bruit venant de l'intérieur du logement. À partir de 80 décibels, on risque une perte d'audition si l'exposition au bruit est prolongée.

#### L'éclairage

Ce qu'il faut prendre en compte dans le choix d'une lampe :
– l'étiquetage qui indique la classe d'efficacité énergétique de la lampe (A à G), le flux lumineux, la puissance absorbée, la durée de vie moyenne et les pictogrammes concernant l'environnement ;
– le diamètre de la lampe ;
– le type de culot ;
– la tension d'alimentation ;
– le lieu de l'utilisation en ce qui concerne les luminaires afin de permettre l'isolation dans les pièces d'eau grâce aux classes 2 ou 3.

***Unités de mesure des éclairements***

• **LUMEN (lm)**. Mesure le flux lumineux : quantité d'énergie émise sous forme de rayonnement visible dans toutes les directions par unité de temps.

• **CANDELA (cd)**. Mesure l'intensité lumineuse : quantité de flux lumineux émis dans une direction donnée par une source ponctuelle.

• **LUX (lx)**. Mesure l'éclairement lumineux : quotient flux lumineux reçu par élément de surface.

• **LUMINANCE (cd/m²)**. Détermine l'aspect lumineux d'une surface éclairée, donc le niveau d'éblouissement.

http://www.nchabitat.com

# AS8
approche scientifique

# Thème 3 - Le confort et l'hygiène de la personne aidée

## Les soins d'hygiène de l'adulte

### Propriétés des produits d'hygiène corporelle

Les propriétés des produits d'hygiène corporelle sont celles des ions carboxylate R-$COO^-$ qui les composent. Ces ions possèdent deux extrémités, l'une lipophile car hydrophobe (chaîne carbonée R-), l'autre hydrophile (groupe $COO^-$ qui représente la fonction ester). Le nom des composés qui présente cette structure particulière est le **tensioactif**.

**Schéma d'une molécule de tensioactif**

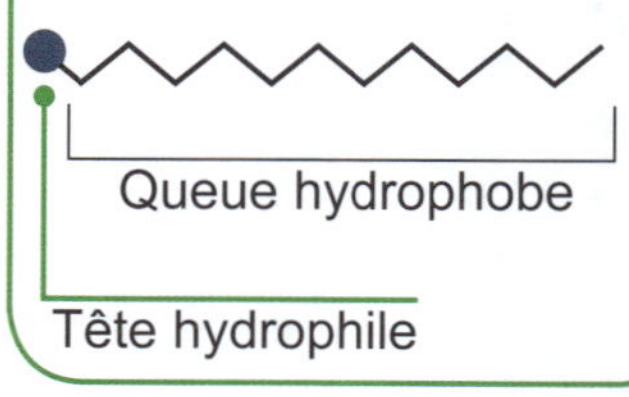


**Schéma d'une micelle**
(regroupement de molécules de tensioactifs)

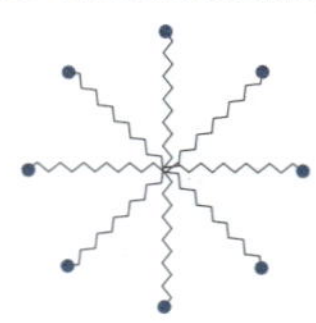

**Propriétés des produits d'hygiène corporelle**

– pouvoir mouillant : permet à l'eau de mieux s'étaler en abaissant sa tension superficielle et ainsi de mieux pénétrer dans l'épiderme.

*Source : je comprends...Enfin 2010*

– pouvoir moussant : la mousse est constituée par des bulles d'air séparées par des lames d'eau très riches en tensioactifs. Ellles remontent à la surface pour former de la mousse. Néanmoins, il faut savoir que la mousse n'a aucun pouvoir lavant.

– pouvoir émulsionnant et dispersant (mode d'action schématisé sur l'image ci-contre) : le pôle hydrophile est attiré par l'eau et le pôle hydrophobe par la salissure grasse **(1)**. Les micelles entourent les saletés en les dispersant par fragmentation afin de les désagréger **(2)**.

La formation de particules enveloppées de tensioactifs permet le décollement puis la mise en suspension de la saleté présente sur l'épiderme **(3)**.
Le rinçage évacue des particules en suspension dans l'eau.

– pouvoir antiredéposition : les parties hydrophiles se repoussent en empêchant toute redéposition des particules sur l'épiderme.

## Composition de quelques produits d'hygiène corporelle

Les tensioactifs des gels douche et des shampoings ont pour mission de diluer les corps gras dans l'eau. Ils sont incontournables pour nettoyer, faire mousser, émulsifier. Il est important de connaître leur origine car les tensioactifs issus de la pétrochimie seront plus irritants et agressifs pour les cheveux ou pour le corps. Par exemple, l'ingrédient appelé le cocamidopropyl betaine provient du pétrole ou du règne végétal. Le produit fini doit avoir un pH (potentiel hydrogène) proche de la peau (pH neutre) soit entre 6 et 7 pour être non irritant.

### Exemple de composition d'un gel douche

Les tensioactifs amphotères (COCAMIDOPROPYL BETAINE) possèdent une fonction acide et basique. Ils sont compatibles avec tous les autres tensioactifs et sont incorporés en mélange avec eux. Ils ont un grand pouvoir moussant, sont doux et peu irritants pour la peau et les yeux (utilisés dans les gels douche et les shampooings).

### Exemple de composition d'un shampooing

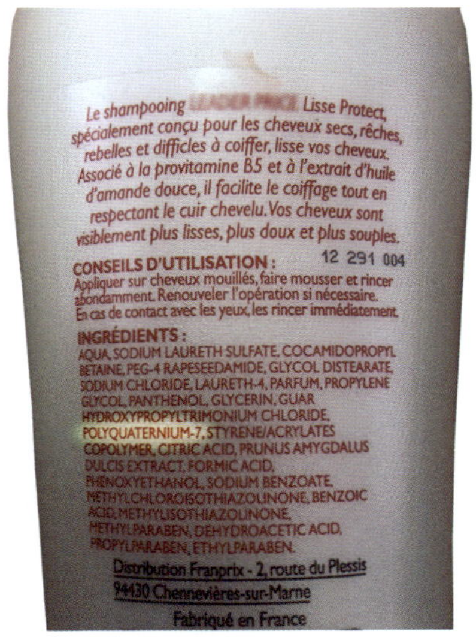


Les tensioactifs cationiques dont la partie active est un ion positif généralement associé à l'ion chlorure $Cl^-$ (POLYQUATERNIUM) sont utilisés dans les shampooings en raison de leur affinité pour les cheveux auxquels ils donnent douceur et brillance.

### Exemple de composition d'un gel moussant pour bébé (pour comparaison)

Le COCOAMPHODIACETATE DISODIQUE est un agent tensioactif extrêmement doux et amphotère.

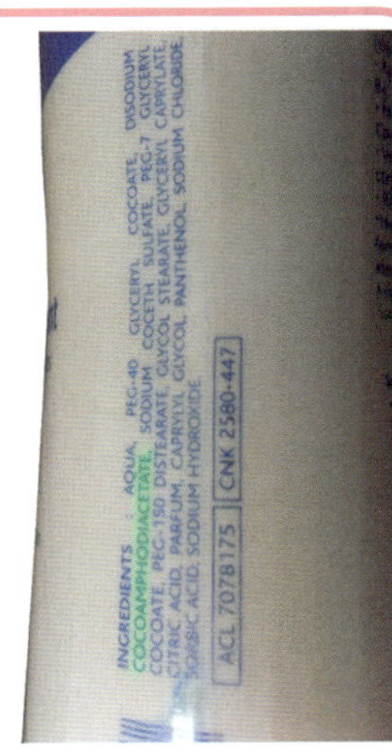


### Exemple de composition d'un savon

Le savon de Marseille provient de la saponification de l'huile d'olive par la soude.

Approche scientifique

# INDEX



ISBN : 978-2-35497-149-6